D1728597

Birte Pröttel
Eigener Herd...

Birte Pröttel

Eigener Herd...

Das Überlebensbuch für alle Haushaltsanfänger

*Mit 61 Zeichnungen
der Autorin*

Mary Hahn Verlag

© 1989 Mary Hahn Verlag in der
F.A. Herbig Verlagsbuchhandlung GmbH, München
Alle Rechte vorbehalten
Umschlagentwurf: Wolfgang Heinzel
Umschlagmotiv: Brian Bagnall
Satz: Fotosatz-Service Weihrauch, Würzburg
Gesetzt aus: 10/12 Punkt Souvenir mager auf Berthold-System
Druck und Binden: Wiener Verlag, Himberg
Printed in Austria
ISBN 3-87287-364-4

Für meine Söhne,
bei denen ich versäumt habe,
sie rechtzeitig zu guten Hausmännern
zu erziehen.

Inhalt

Es mußte einfach sein ...

... dieses Buch. Denn ich habe es versäumt, meinem Nachwuchs rechtzeitig das beizubringen, was ihn fürs Leben fit macht. Sie können zwar mit Computern, Verstärkeranlagen, 8-Spur-Bandanlagen und Autos umgehen. Wie man eine Waschmaschine bedient, geschweige denn ein Bett macht, geht ihnen total ab.

Meine drei Söhne sind in eine äußerst ungünstige Zeit geboren worden. Man sprach von antiautoritärer Erziehung, wußte aber nicht so recht, was das war und was das für Folgen hat. Man ließ die Kinder in allem gewähren, um ja keine verklemmten Erwachsenen heranzuziehen. Es schien ja auch bequemer, die Klötzchen selbst aufzuheben, als sich den Mund fusselig zu reden. Denn Erziehung fand nicht mit Ohrfeigen oder seelischem Druck statt, sondern mit Reden, Reden, Reden. (Was ich übrigens immer noch für okay halte.)

Wie waren wir Eltern doch aufgeschlossen! Wir ließen eine ganze Generation punken, poppern, rocken, demonstrieren, und was es sonst noch Schönes gibt. Erstens, weil wir es eben selber nie gedurft hatten, und Kinder sollen es ja bekanntlich besser haben als ihre Eltern. Und zweitens dachte man – ich zumindest –, daß der Mensch durch Nachahmung lernt, also alles von allein so wird, wie Eltern es sich wünschen. Der Ernst des Lebens würde die lieben Kleinen sowieso bald zu angepaßten Bürgern ummodeln. Außerdem wurden die Sprößlinge ja genug belastet durch Schulstreß und sport-

11

lichen Leistungsdruck, da wollte man sie nicht auch noch dem Druck des Schuheputzens oder Geschirrwaschens aussetzen. Und so wuchs vor lauter Rücksichtnahme – zumindest unter meinen Fittichen – eine Schar junger Erwachsener heran, die die einfachsten Dinge des Lebens nicht oder nur vom Hörensagen beherrscht.

Früher konnten sich die Mütter verwöhnter Knaben noch einigermaßen darauf verlassen, daß die Schwiegertöchter klaglos Waschbecken putzten, Socken aufhoben und Hemden bügelten. Daran ist heute nicht zu denken. Die Mädchen von heute finden, daß Haushalt absolut kein Thema ist. Soll

12

doch jeder seinen Dreck allein wegmachen. Und irgendwie haben sie ja recht.

Und darum nun dies höchst unvollständige Haushaltsbuch mit höchst unprofessionellen Zeichnungen für die, die ihre erste eigene Wohnung beziehen. Leider bin ich auch keine tolle und schon gar keine begeisterte Hausfrau, ich lese lieber als zu putzen. Aber es muß ja leider gemacht werden, und ich denke, es ist doch leichter, den einen oder anderen Tip einer 27 Jahre schwer geprüften Hausfrau zu übernehmen, als alle Fehler autodidaktisch neu zu durchleben. Schließlich braucht man einen angebrannten Topf nicht gleich wegzuwerfen, kann man verfärbte Wäsche meist wieder hinkriegen und müssen Pullover nicht unbedingt nach der ersten Wäsche auf Babygröße schrumpfen.

1
Hurra, die erste eigene Wohnung!

Mit der ersten eigenen Wohnung ist es wie mit der ersten Liebe: man ist überglücklich, fühlt sich in ihr wohl, bestaunt sie und weiß doch nicht so recht, wie man mit ihr umgehen soll. Aber bei der Behausung ist es tatsächlich so wie mit der Liebe: man muß sie pflegen, wenn man Freude daran haben will.

Darum vorweg ein bißchen was zum Umgang mit der ersten Wohnung, dem täglichen Einerlei, der Pflege und der Ordnung. Bei diesem Wort stellen sich den meisten die Nackenhaare auf. Aber wozu hat man sich mühsam vom Sperrmüll oder aus der teuren Möbelboutique den schönen Tisch besorgt, wenn er ständig unter Bergen von Zeitungen, Gläsern, Tassen, Essensresten, Aschbechern und Klamotten begraben ist?

Ordnung ist nicht nur praktisch, weil man alles leichter findet, die Wohnung sieht ganz einfach schöner aus. Auch wenn manche meinen, Chaos sei das Markenzeichen für besonders intellektuelle Typen ...

Also, bevor's losgeht mit der richtigen Haushaltsführung, ein paar Ratschläge zu den Dingen, die man täglich, am besten vor dem Verlassen der Wohnung, erledigen sollte, um eine einigermaßen gepflegte Bude zu haben:

Verwundert stellt man fest, daß niemand mehr hinter einem aufräumt und daß der Pulli, der seit drei Tagen auf dem Sessel liegt, auch noch übermorgen dort prangt. Also jetzt heißt es selber angreifen ...

① Aufstehen, waschen, Zähne putzen, usw.

② Bad sauber machen

③ Lüften

④ Bett aufdecken

⑤ Aufräumen

⑥ Frühstücken

⑦ Müll raustragen

⑧ Arbeiten gehen!

Nach dem Aufstehen . . .

. . . gleich Kissen aufschütteln und das Bett lüften. Und dann wird aufgeräumt und gleichzeitig frischer Wind in die Bude durch die weit geöffneten Fenster gelassen. Das zwingt den Zigaretten- und sonstigen Mief raus und Sauerstoff rein. Keine Angst, daß dadurch die gute Stube zu sehr auskühlt. Frische Luft erwärmt sich viel rascher als abgestandene.

Beim Aufräumen tun Sie sich leichter, wenn alle Sachen in der Wohnung einen festen Platz haben, und da kommen die nun hin.

Mit einem feuchten Lappen den Tisch und alles andere, das es nötig hat, rasch abwischen. Schwarze Kunststoffteile der Stereoanlage usw. stauben Sie trocken ab. Es sieht dann gleich aus, als wäre die ganze Wohnung picobello.

Nach dem Frühstück die Betten machen und schnell noch das Waschbecken wischen. Schmutzige Klamotten in den Wäschekorb. Saubere wegräumen oder zum Lüften raushängen.

Blumen gießen, wenn dazu noch Zeit ist. Am besten planen Sie einen festen Tag in der Woche zum Düngen ein. Vielleicht Samstag oder Sonntag.

Beim Verlassen der Wohnung gleich den Müll mit rausnehmen. Ist die Wohnung vor dem Weggehen so okay, freut man sich aufs Heimkommen. Und wenn noch Besuch mit rauf will, braucht man den nicht abzuwimmeln, von wegen Unordnung und so . . .

So, und nun geht's um Einzelheiten im Haushalt.

2
Die Küche

Lebendige Spülmaschinen

Als Kind mußte ich immer nach dem Mittagessen mit meinen Geschwistern zusammen Geschirr abwaschen. Meine kleine Schwester entzog sich dieser Fronarbeit durch ausgiebige »Sitzungen« auf dem Klo. Mein großer Bruder schützte wichtige schulische Arbeiten vor. Und so waren

Spülen macht glücklich

meist mein kleiner Bruder und ich die Dummen, die den Abwasch von sechs Personen erledigen mußten.

Wie ich das haßte! So sehr haßte, daß ich, kaum verheiratet, mir von meinem ersten nebenbei verdienten Geld eine Spülmaschine anschaffte. Ich wurde von Müttern, Tanten und denen, die sich sonst noch bei uns einmischten, für verrückt erklärt, wo wir doch noch nicht einmal genug Geschirr hätten, um die Maschine zu füllen. Aber ich hatte und habe Abwasch ein für alle Mal dick. Und so kommt es, daß zumindest meine Sprößlinge von klein an die Segnungen einer Spülmaschine genießen konnten und jetzt wohl keine Ahnung haben, daß man auch »ohne« spülen kann.

Rund um Töpfe und Geschirr

Die Küche ist die Hauptdrehscheibe im Haushalt. In ihr verbringen Sie die meiste Arbeitszeit, darum sollte sie sowohl in der Einrichtung als auch in der Ausstattung praktisch und rationell sein. Möbel, Wände und Fußböden finden Sie meistens vor.

Damit Küchenarbeit Spaß macht, brauchen Sie eine gewisse Grundausstattung an Geräten und Teilen.

Hier eine Aufstellung der wichtigsten Dinge:

Speiseservice für mindestens 4 (besser für 6 Personen), bestehend aus 4 flachen Tellern, 25 cm $\emptyset$, 4 tiefen Tellern, 22 cm $\emptyset$, 4 flachen Tellern, 18 cm $\emptyset$, 3 verschieden große Schüsseln, davon eine Salatschüssel, 1 Sauciere, 2 ovale Vorlegeplatten.

Kaffee- und Teeservice für 4 bis 6 Personen, bestehend aus 4 Tassen mit Untertassen, 4 flachen Tellern, 18 cm $\emptyset$, 1 Kaffee- und 1 Teekanne, 1 Sahnegießer, 1 Zuckerdose.

Bei der Neuanschaffung des Geschirrs sollte man darauf achten, daß es spülmaschinenfest und mikrowellengeeignet ist.

Gläser für 8 Personen. Wer einen schmalen Geldbeutel hat, schafft sich Mehrzweckgläser an. Wünschenswert wären je 8 Wein-, Bier-, Saft-, Schnaps- und Sektgläser. Hier sollte man beim Kauf darauf achten, daß alles zusammenpaßt und sich für mehrere Zwecke nutzen läßt.

Bestecke für 4 bis 6 Personen, bestehend aus je 4 bis 6 Messern, Gabeln, Löffeln, Kaffeelöffeln, Kuchengabeln, 1 Saucenlöffel, 2 Vorlegelöffel, 1 Vorlegegabel, 1 Suppenlöffel.

Messer und Werkzeuge: Je 1 Brot-, großes und kleines Küchen-, Schälmesser, 1 Kartoffelschäler, 1 Reibeisen mit Gurkenhobel, 2 Bratwender, 1 Schaumlöffel, 1 Dosenöffner, 1 Salatsieb, 1 Zitruspresse, 1 Flaschenöffner, 1 Korkenzieher, 1 Knoblauchpresse, 1 Schneebesen, 1 Teigschaber, 2 verschieden große Schneidbretter, 1 Haushaltsschere.

Pfannen und Töpfe: 2 Stahltöpfe für 2,5 und 5 l, 2 kleine Kasserollen, alle mit Deckel, 2 Bratpfannen verschieden groß, eine mit Deckel, 2 ofenfeste Formen für Aufläufe.

Sonstiges: Brotkasten, verschiedene Plastikdeckeldosen, wenn möglich zum Einfrieren und für Mikrowelle geeignet. Ob man eine Wohnküche, eine winzige Kochnische oder ein Profikochlabor zur Verfügung hat, es sollte da alles immer vor Sauberkeit blitzen, damit Keime und Bakterien keine Chancen haben, uns den Appetit zu verderben.

Das Geschirrspülen

Ca. 30% Ihrer Zeit in der Küche verbringen Sie beim Geschirrspülen. Darum sollten Sie schauen, daß Sie das so rationell wie möglich hinter sich bringen. Wenn Sie die Unordnung auf der Spüle nicht stört, waschen Sie nur alle paar Tage ab. Egal, wie oft Sie's machen, so wird gespült: **Wichtig:** immer gleich beim Tischabräumen die groben Essensreste mit kaltem Wasser abspülen, damit nichts antrocknen kann. Spülbecken mit heißem Wasser und ein paar Tropfen – aber wirklich nur Tropfen – Spülmittel füllen. Ist ein zweites Becken vorhanden, gibt man da auch heißes, aber klares Wasser hinein.

Verwenden Sie ein handelsübliches oder am besten ein umweltfreundliches Geschirrspülmittel. Um die Hände zu schonen, trägt man Gummihandschuhe oder kauft sich ein besonders hautfreundliches Spülmittel. Lassen Sie sich bei Ihrem Drogisten beraten.

Das schmutzige Geschirr steht rechts, kommt ins erste Spülbecken, wird mit Spülbürste, Schwamm oder Lappen gereinigt. Dann zum Nachspülen ins klare Wasser und dann aufs Abtropfbrett.

Zuerst werden feine Gläser abgewaschen, dann folgen Porzellan und Besteck. Abgetrocknet werden höchstens Gläser und Besteck, weil man auf ihnen Wassertropfen sehen kann. Alles andere darf an der Luft trocknen.

Zum Schluß kommen Pfannen und Töpfe an die Reihe:

Stahltöpfe kriegt man mit Scheuersand und feiner, geseifter Stahlwolle sauber. Unterseite und Ränder nicht vergessen!

Emailletöpfe werden mit Hartschaumschwämmen gereinigt, damit das Emaille nicht verkratzt.

Beschichtete Pfannen werden wie Geschirr gespült. Ist an der Außenseite etwas eingebrannt, wird mit Scheuersand oder Hartschaumschwamm geputzt.

Aluminiumtöpfe kriegt man mit feiner Stahlwolle wieder auf Hochglanz.

Kunststoffgeschirr nur mit Spülbürste oder Lappen reinigen, sonst wird es verkratzt.

Handtücher und Lappen vor dem Wegräumen erst trocknen lassen, sonst bekommen sie Stockflecken, das sind kleine schwarze Schimmelflecken, die sich kaum oder gar nicht mehr entfernen lassen.

Schwammtücher ab und zu in die Waschmaschine stecken.

20

Angebrannte Töpfe: Entweder den Topf mit Wasser füllen und nochmal aufkochen lassen, bis die schwarze Kruste sich löst, oder einen Löffel Spülmaschinen-Reiniger mit wenig Wasser in den Topf (nicht bei Aluminiumtöpfen) geben und über Nacht einwirken lassen.

Das Spülbecken: Nach dem Abwasch macht man das Spülbecken sauber. Entweder mit Spezialmittel, einem Hartschaumschwamm mit etwas Spülmittel oder, wenn's sehr dreckig ist, mit Scheuersand putzen. Hinterher trockenreiben.

Keramikspülbecken sollten Sie nur mit Spülmittel auswaschen und dann trockenreiben, damit sich keine Kalkflecken festsetzen.

Wasserhähne und Armaturen bleiben schön glänzend, wenn sie nach dem Benützen ebenfalls getrocknet werden. Haben sich doch mal Kalkflecken breitgemacht, werden sie mit Essigwasser oder einem Brei aus Essigessenz und Salz entfernt.

Wenn das Wasser nicht mehr ordentlich aus dem Hahn fließt, sondern spritzt oder nur noch tröpfelt, ist der Perlator verkalkt. Der Perlator ist das kleine Sieb am Ende des Wasserhahns. Wie man ihn reinigt, steht auf Seite 85.

Die Spülmaschine: Wer eine Spülmaschine in der Küche hat, kann sich gratulieren. Wie man sie bedient, steht in der Gebrauchsanleitung. Sollte keine vorhanden sein, besorgt Ihnen der Kundendienst des Herstellers bestimmt eine. Die Adresse finden Sie im Telefonbuch. Damit das Geschirr immer strahlend schön aus der Maschine kommt, sollten Sie regelmäßig das Schmutzsieb reinigen.

Ab und zu muß der **Enthärter** aufbereitet werden. Ein Signallämpchen zeigt an, wann es soweit ist. Dann Entkalkersalz in den entsprechenden Behälter füllen und auf »Entkalken« schalten. Nicht vergessen, das Klarspülmittel rechtzeitig nachzufüllen, sonst gibt's häßliche Schlieren und Streifen auf den Gläsern.

21

Für ein bißchen **Pflege** ist die Maschine sehr dankbar: Den Türrand und die Gummidichtung von Essensreste freihalten, sonst wird der Gummi brüchig und durchlässig. Die unteren Ecken an der Tür sind meist unpraktisch zu reinigen, und ausgerechnet da tropft oft Kakao oder Soße hin. Zum Saubermachen dieser Stelle eignet sich eine dünne Flaschenbürste.

Da Sie nicht jeden Tag Ihre Maschine »anwerfen«, sollten Sie das Geschirr, das in die Spülmaschine kommt, immer vorher kalt abspülen. Angetrocknete Essensreste kann auch die beste Spülmaschine kaum abkriegen.

Tip: *Bitte kein Spülmittel für die Handwäsche in die Spülmaschine geben, die schäumt sonst über!*

Die gebräuchlichsten
Haushaltsreinigungsmittel

Geschirrspülmittel eignen sich für Gläser, Besteck, Geschirr, Töpfe, Pfannen. Auch zum Fensterputzen und feuchten Wischen glatter Oberflächen.
Geschirrspülmittel immer sparsam verwenden, beim Kauf auf umweltfreundliches Mittel achten.
Hartschaumschwamm für Porzellan, Emaille, harten Kunststoff, Töpfe, bedingt für Zinn.
Feine Stahlwolle für Stahlwaren, Messer usw.
Scheuersand für Stahltöpfe, Töpfe, unempfindliche Oberflächen.
Haushaltsreiniger für Fußböden, Fenster, Fliesen, Kunststoffoberflächen. Bevorzugen Sie Reiniger, die umweltfreundlich sind und mit Zitronensäure statt Chlor hergestellt sind.

Der Herd

Leider passiert es immer wieder, daß im Eifer des Kochgefechts etwas überläuft und am Herd festbrennt. Am besten wäre es natürlich, den Schmutz gleich, wenn er entsteht,

wegzuwischen. Dann genügt ein feuchter Lappen, das Miß-
geschick zu beseitigen. Ist es aber doch passiert und die Soße
festgebrannt, dann legen Sie auf Verschmutzungen und Ver-
krustungen ein nasses Tuch und weichen die Stelle einige
Zeit ein.

Herde mit Stahlmulden (so wird die Fläche rund um die
Kochplatten genannt) werden mit einem Stahlwolle-
schwamm oder Scheuerpulver blank geputzt.

Herde mit Emaillemulde (weiß) werden mit Hartschaumschwamm oder Wurzelbürste sauber. Wenn das nicht hilft,
sprühen Sie Backofenspray auf, wirken lassen, abwaschen.

Elektroplatten lassen sich mit feiner Stahlwolle oder einer
Drahtbürste reinigen. Da sie eine rauhe und robuste Oberfläche haben, verkratzt sie diese Behandlung nicht. Wer es

besonders gut meint, kann die Platten ab und zu mit einem Spezialpflegemittel einreiben, dann rosten sie nicht.

Glaskeramikherde werden mit Spezialmitteln, die Sie in der Drogerie erhalten, gereinigt. Bei der Glaskeramikplatte ist es besonders wichtig, nichts einbrennen zu lassen. Vor allem zuckerhaltige Sachen gleich abwischen, festgebrannt verderben sie die Glaskeramik, die Oberfläche wird rauh und kann die Wärme nicht mehr einwandfrei leiten. Hartnäckige Reste beseitigen Sie mit einem Spezialschaber, den Sie im Haushaltswarengeschäft erhalten. Wenn spitze, harte Gegenstände auf die Glasplatte fallen, kann diese springen. Der Ersatz ist nicht billig, also Vorsicht!

Gasherde werden wie Elektroherde gereinigt. Die Metalldüsen ab und zu mit speziellen Metallputzmitteln für Messing (erhältlich in der Drogerie) reinigen. Wie man das macht, steht auf der Packung.

Backröhren möglichst gleich nach Gebrauch, wenn sie etwas abgekühlt sind, auswischen. Gegen angebrannte Stellen hilft Backofenspray. Die Tür, die Sichtscheibe sowie die Ecken nicht vergessen! Kuchenbleche und Gitter immer gründlich reinigen. Ist was fest eingebrannt, hilft Einweichen in warmem Wasser, dem Haushaltsreiniger zugesetzt ist. Mit dem Hartschaumschwamm entfernen Sie dann die Schmutzstellen. Auch die Vorderfront des Herdes muß mal saubergemacht werden. Schaltknöpfe lassen sich bei vielen Modellen abziehen und im Spülwasser einweichen. Vorsicht, manchmal sind noch Federn o.ä. an den Knöpfen: nicht verlieren!

Dampfabzugshauben können ganz übel miefen, wenn sie voller Wrasen, das sind die Rückstände der Kochdämpfe, sind. Schneiden Sie ein frisches Filtervlies passend zu und ersetzen damit das alte. Warten Sie mit dem Auswechseln nicht zu lange. Und wenn Sie schon dabei sind, machen Sie gleich die ganze Abzugshaube sauber. Alte Fettkrusten kriegt man mit Salmiakgeist weg.

Mikrowellenherde sind, wenn die Gerichte beim Aufwärmen und Kochen immer zugedeckt sind, gegen Verschmutzungen ziemlich immun. Übergelaufenes können Sie mit Haushaltsreiniger und Schwammtuch wegwischen. Keine kratzenden Mittel – also Scheuersand, Hartschaumschwamm oder Stahlwolle – verwenden, da viele Teile aus Kunststoff sind.

Der Kühlschrank

Den Kühlschrank einmal in der Woche, zumindest aber alle 14 Tage, ganz leermachen (dabei sichtet man auch die Bestände) und Wände, Gemüseschalen, Gitter usw. mit Seifenwasser auswischen.

Kontrollieren, ob der **Abfluß** für das Abtauwasser (an der hinteren Rückwand) frei ist. Wenn nicht, mit Draht oder Zahnstocher freimachen.

Wenn Sie auf den Boden der **Gemüsefächer** Haushaltspapier legen, dann werden Gemüse und Salat nicht feucht

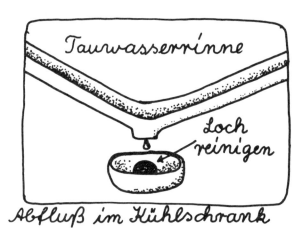

Abfluß im Kühlschrank

und faulig. Beim Einräumen die Lebensmittel nach vorn stellen, die bald verbraucht werden müssen.

Das **Tiefkühlfach** muß abgetaut werden, wenn es vereist ist. Sonst verbraucht es zuviel Energie und wird auch nicht kalt genug. Nehmen Sie die tiefgekühlten Lebensmittel raus. Legen Sie in einen Wäschekorb, Karton oder ähnliches eine Wolldecke, in die die Sachen fest zusammengepackt eingewickelt werden. Dann ins Bett stellen. So bleibt alles gut gekühlt.

Anschließend das **Gefriergerät** abstellen. Zum Abtauen eine Schüssel heißes Wasser ins Fach stellen, dann geht's schneller.

Achtung: Tücher an den Rand des Faches legen, damit es keine Überschwemmung gibt!

Das abgetaute Fach mit Wasser, dem Spülmittel oder Haushaltsreiniger zugesetzt ist, auswaschen. Das Gerät wieder einschalten und, wenn es kalt genug ist, die Ware wieder hineingeben.

Tiefkühlkrimi

Der kleine Hotelboy lief durch die Bar mit einer großen Tafel, auf der stand: »Herr oder Frau Pröttel bitte ans Telefon«. Es war der vorletzte Abend unseres dreiwöchigen Urlaubs. Die Kinder lagen oben friedlich in den Hotelbetten, der Anruf konnte eigentlich also nichts Schlimmes bedeuten. Trotzdem kam meine bessere Hälfte schreckensbleich wieder. »Es war die Polizei zu Hause, sie fragt, wer den Schlüssel zu unserer Tür hat, es ströme Leichengeruch aus unserer Wohnung!«

»Leichengestank?«

In Bruchteilen von Sekunden fielen mir zum Thema Mord und Totschlag sämtliche Schauerstorys ein, von selbstmörderischen Pärchen, die sich bei uns eingenistet haben,

bis zum Hungertod alleingelassener Mäuse. Wir packten sofort Koffer und Kinder ins Auto und brausten heim.
Was war des Rätsels Lösung?
Ordentlich, wie ich gerne wäre, hatte ich vor Urlaubsbeginn den Kühlschrank geleert, das Tiefkühlfach abgetaut, alles wieder rein geschichtet, aber vergessen, das Gerät wieder anzustellen ...
Unsere Leichen waren Filetsteaks und Schweineschnitzel!

Die Kaffeemaschine

Die Kaffeemaschine muß ab und zu entkalkt werden. Dazu *entweder* Spezialentkalkermittel für Kaffeemaschinen verwenden. Wie man das macht, ist je nach Fabrikat unter-

schiedlich und steht auf der Packung. Besser, weil umweltfreundlicher, entkalken Sie Ihre Maschine, indem Sie einige Male starkes Essigwasser (ca. $\frac{1}{3}$ Essig zu $\frac{2}{3}$ Wasser) durch die Maschine laufen lassen. Anschließend mit klarem Wasser drei- bis viermal nachspülen.

Kaffeeflecken und -spritzer außen mit feuchtem Lappen entfernen. Ist Kaffeepulver in die feinen Ritzen der Maschine gefallen, kann man es entweder rauspusten (auch mit dem umgekehrten Staubsauger) oder mit Backpinsel oder Flaschenbürste entfernen.

Küchenmöbel

Wenn im Frühling die Sonne tief in die Küche scheint, entdeckt man meist, daß die Küchenmöbel auch ganz schön verfleckt, besprizt und befingert sind. Dann wird es höchste Zeit, zu Schwammtuch und Spülmittel zu greifen.

Die Oberflächen von Küchenmöbeln sind meist aus Kunststoff. Holzfronten sind mit Speziallacken behandelt, so daß das einfache Abwaschen genügen dürfte. Bei hartnäckigen Flecken vorsichtig arbeiten, damit die Möbel nicht verkratzt werden. Die Schrankoberseiten nicht vergessen. Wenn sie sauber sind, Haushaltspapier oder Zeitungen drauflegen. Hier schlagen sich die fettigen Kochdämpfe nieder, die sich nur schwer entfernen lassen und für muffigen Geruch in der Küche sorgen. Das Papier kann dann ohne Probleme je nach Bedarf ausgewechselt werden.

Küchenböden und -wände

Der wohl am meisten verschmutzte Boden in der Wohnung ist der Küchenboden, hier sammeln sich Krümel, fallen Gemüseschalen runter, tropft auch mal Öl daneben. Kurz: der

Fußboden in der Küche muß jedenfalls öfter als die anderen Böden saubergemacht werden.

Tip: *Um im Haushalt rationell zu arbeiten, legt man alle gleichartigen Arbeiten zusammen. Das heißt, daß man gleich alle Räume staubsaugt, wenn man gerade dabei ist. Das gleiche gilt für Kehren und Wischen.*

Vor Arbeitsbeginn alle beweglichen Möbel zur Seite bzw. hochstellen. Erst eine Hälfte, dann die andere Hälfte des Raumes bearbeiten.

Kehren: Zunächst den Boden kehren. Dazu den Besen ziehen und nicht schieben, sonst wirbeln die Besenhaare Staub auf.

Wischen: Dazu braucht man einen Putzeimer (ca. 10 l), einen Schrubber und einen Scheuerlappen. Einige Spritzer Haushaltsreiniger ins Wischwasser geben. Selbstglanzwachs oder andere Pflegemittel sind nicht nötig, sie geben nur dicke Wachsschichten auf dem Boden, die sich dann schwer wieder entfernen lassen.

Erst naß schrubben, dann aufwischen

Zunächst Wischlappen ins Wasser tauchen, den Lappen ausdrücken, auf den Fußboden legen und nun mit dem Schrubber hin und her bewegen. Den Lappen zwischendurch immer wieder im Wischwasser ausspülen. Ist der Boden sehr verschmutzt, kann man auch etwas Putzwasser direkt auf den Boden gießen, mit dem Schrubber den Schmutz losbürsten und dann die Feuchtigkeit mit dem Lappen wieder aufnehmen.
Beim Wischen die Ecken nicht vergessen, hier sammelt sich der meiste Schmutz.

Wandfliesen

hinter dem Herd und der Spüle gleich, wenn sie bespritzt sind, abwischen. Alte Fettspritzer lassen sich mit Salmiakgeist entfernen oder vorsichtig mit feiner Stahlwolle lösen. Andere abwaschbare Wände nach Bedarf mit Haushaltsreinigerwasser saubermachen.

Metallpflege

In der Küche wird mit vielen Metallgegenständen, Töpfen, Pfannen, Besteck usw. gearbeitet. Damit diese teuren Sachen schön bleiben, sollten Sie sie pflegen. Bei den meisten reicht es, sie mit Spülmittel zu waschen und abzutrocknen.

Aluminium glänzt wieder nach einer Behandlung mit Scheuersand oder feiner Stahlwolle.

Kupfer, Messing mit Metallputzmittel behandeln.

Zinn mit feiner Stahlwolle blank polieren.

Silber normalerweise nur abspülen und abtrocknen. Für gründliche Reinigung Silberputztuch oder -mittel nehmen. Achtung: Das Tauchbad entfernt die dunklen Oxydverzierungen!

Putzsachen reinigen

Mit schmutzigen Hilfsmitteln kann man nicht saubermachen. Darum gewöhnen Sie sich an, bei jeder Kochwäsche gleich die Geschirr- und Spültücher mitzuwaschen. **Fensterleder und Wischlappen** in klarem Wasser gründlich auswaschen. Die Tücher nach Gebrauch gut trocknen lassen.

Schwämme im warmen Seifenwasser waschen, klar nach-spülen, gut trocknen lassen.

Besen und Bürsten gleichmäßig von Fusseln befreien. Ab und zu die Besen im warmen Seifenwasser auswaschen. Zum Trocknen aufhängen, so daß die Haare nach unten hängen.

Beim **Staubsauger** regelmäßig den Staubbeutel wechseln, den Staubfilter nicht vergessen. An der Staubsaugerdüse die Fusseln entfernen, darauf achten, daß nichts den Schlauch verstopft. Den Staubsauger bei Bedarf außen mit warmem Seifenwasser abwaschen.

Einige Tropfen Kölnisch Wasser oder Parfum auf dem Staubsauger-Filterpapier verströmen einen angenehmen Duft im Zimmer.

Ameisen und Silberfischchen

In Altbau- oder Parterrewohnungen fühlen sich Ameisen oder Silberfischchen wohl. Mit Köderdosen aus der Drogerie wird man sie los.

Tip: *Tomatenpflanzen in Blumentöpfen auf den Fenster-bänken vertreiben Stubenfliegen.*

So räumen Sie Ihre Küche praktisch ein

Unnötige Wege und viel Zeit können Sie sparen, wenn Sie die Küche geschickt einräumen.

Alles, was selten benützt wird, kommt in die obersten Fächer.

Geschirr oberhalb des Spülbeckens einräumen, dann braucht man nicht unnötig hin und her zu laufen.

Pfannen und Töpfe in Unterschränke verstauen.

Bestecke, die täglich benutzt werden, finden sich in der obersten Schublade, die anderen weiter weg.

Putzsachen unter das Spülbecken stellen.

Lebensmittel und Gewürze in der Nähe des Herdes unterbringen. Sie sollten allerdings nicht durch die Hitze des Herdes erwärmt werden, sonst würden sie rasch verderben.

Elektrische Heinzelmännchen

Ich stelle mir vor, daß die erste Steinzeitfrau, die einzelne Getreidekörner mangels eigener Zähne nicht mehr kauen konnte, zwei flache Steine nahm und dazwischen das Getreide zerrieb. Und damit hatte sie die erste Küchenmaschine der Welt erfunden!

Voller Neid hat die Nachbarsteinzeitfrau dieses Gerät betrachtet. Obwohl sie noch Zähne hatte, mußte sie auch unbedingt so eine Maschine haben. Ja, und so ist es bis heute zur Freude der Haushaltsgerätehersteller geblieben: Hat Frau Meier einen Mikrowellenherd, muß Frau Müller auch einen haben, obwohl sie niemals kocht.

Ich gebe zu, auch ich liebe heiß und innig neue Küchen- und Haushaltsgeräte. Ich verschlinge ihre Gebrauchsanleitungen und finde sie spannender als Simmel oder Konsalik. Dann probiere ich die Maschinen mindestens vierzehn Tage richtig aus, um schließlich feststellen zu müssen, daß sie ungebührlich viel Platz im Küchenschrank einnehmen. Aber ich liebe mein Waffeleisen, die Friteuse, das Folienschweißgerät, den Baguetteschneider, das Bratthermometer, den Zwiebelschneider, den Eierkocher, den Kirschentkerner (vollautomatisch!), den elektrischen Wock, das Raclettegerät, den Tischgrill, das Fondue-Set, den chinesischen Feuertopf, das Joghurtgerät, die Espressomaschine, die Kaffee-, Tee- und die Eismaschine, den Toaster und, als letzte Anschaffung, die Getreidemühle. Um letztere sinnvoll einsetzen zu können, sollte ich eigentlich auch noch so einen wahnsinnig praktischen Brotbackautomaten haben ...

Dann allerdings müßte ich an unsere Küche noch einen Maschinenraum anbauen, denn ein doppelter Umweltmülleimer und ein Müllzerkleinerungsgerät stehen auch noch auf der Wunschliste. Den Anbau könnten wir uns aber nur leisten, wenn wir Küchenmaschinenhersteller wären. Aber so ...

3

Der Wohnraum

Mein Traum vom glänzenden Fußboden

Solange es Fernsehen gibt, solange wird schon für Mittel geworben, die einem ganz gewöhnlichen Kunststoffboden das Flair eines hochglanzpolierten Marmorbelages verleihen, in dem man sich und die ganze Familie mit samt den blühenden Bäumen aus Nachbarsgarten spiegeln kann. Auch ich hatte meine grauschwarz gesprenkelten Böden mit so einem Wundermittel traktiert, in der Hoffnung, aus dem matten Entchen einen glänzenden Schwan zu machen.

Und tatsächlich: eines Morgens schlage ich die Augen auf und bin geblendet vom Glanz in unserer Hütte. Ich sah tatsächlich alles zweimal: einmal den Tisch oben und einmal unten sein Spiegelbild. Ich glaubte an eine Fata Morgana oder an Restalkohol. Der Vorabend war nämlich ziemlich lang und ziemlich feuchtfröhlich bei Zwiebelkuchen und neuem Wein gewesen. Aber daß der Fußboden soo glänzte, das konnte man sich doch nicht einfach einbilden.

Ich sprang auf und stand – platsch – knöcheltief im Wasser! Meine Sinne funktionierten also noch, ich hatte mich nicht getäuscht: die Möbel spiegelten sich tatsächlich im stillen Binnensee ...

Das Geheimnis war schnell gelöst, der tropfende Wasserhahn hatte die Zwiebelkuchenreste vom Geschirr auf den Abfluß gespült. Und das Wasser mußte sich halt einen anderen Weg suchen, zum Beispiel durch unser Wohnzimmer in unser Schlafzimmer und danach direkt zum unter uns wohnenden kinderlosen ruhigen Ehepaar!

Zunächst versuchten wir per Wischtuch und Putzeimer dem See zu Leibe zu rücken. Aber 80 Quadratmeter Wohnfläche voll mit 2 cm Wasserstand, das sind ungeheure Mengen, die nicht mal Sisyphus geschafft hätte. Also mußte die Feuerwehr ran.

Und seit der Zeit kommt mir keine Glanzwäsche mehr ins Wischwasser und Zwiebelkuchenreste nicht mehr ins Spülbecken!

Reinigen des Wohnraums

Einmal in der Woche oder nach Bedarf wird der Wohnraum saubergemacht. Ein regelmäßiges Reinigen ist wichtig, damit sich Hausmilben und Staub nicht vermehren können, beides kann Allergien auslösen.

Staubsaugen

Schön, wenn der Boden mit Teppich ausgelegt ist, dann brauchen Sie nur zu saugen. Da dabei Staub aufgewirbelt wird, sollten Sie nachher Staub wischen (siehe unten).
Beim Staubsaugen gegenüber der Eingangstür anfangen. Fächerförmig um sich herum saugen. Und so langsam rückwärtsgehend den ganzen Raum erfassen. Nicht zu schnell saugen, der Sauger muß die Chance haben, den Staub auch zu schlucken.
Auch **Fußböden ohne Teppichbelag** kann man saugen, anstatt sie zu kehren. Dazu stellen Sie nur die Saugerdüse auf harten Belag um.

Teppichböden reinigen

Schmuddeliger Teppichboden muß ab und zu gereinigt werden. Dazu Teppichreinigungspulver auf den Teppich streuen und nach Vorschrift absaugen.
Teppichboden kann man auch selber shampoonieren. Dazu aus der Drogerie ein Shampooniergerät, das die Nässe gleich wieder aufsaugt, ausleihen. Shampoo niedrig dosieren, wenn zuviel davon im Teppich bleibt, wird er hart und kleberig. Lieber nochmal mit ganz klarem Wasser nacharbeiten.

Trocken und feucht Staub wischen

Staubwischen ist eine unbeliebte Arbeit, aber trotzdem muß man sie, je nachdem, wo man wohnt oder ob man schwarze Möbel hat, mehr oder weniger oft hinter sich bringen. Auf dunklen Flächen sieht man jedes Staubkorn, das stört, und das sollten Sie bei Neuanschaffungen bedenken.

Empfindliche Holzoberflächen werden mit einem trockenen Staubtuch abgewischt.

Unempfindliche Möbel, Fensterbänke usw. werden mit einem gut ausgedrückten, feuchten Tuch gereinigt, das bindet den Staub am besten. Geben Sie ein paar Tropfen Spülmittel direkt auf das Tuch, und reiben Sie damit Flecken weg.

Und so wird Staub gewischt: Wenn Sie mit »System« wischen, sind Sie schneller fertig und übersehen nichts. Fangen Sie rechts oder links der Eingangstür an. Alles, was Ihnen beim Rundgang an der Wand entlang in den Weg kommt, der Reihe nach abstauben: Bilder, Bücherregale, Schränke usw. Dabei arbeiten Sie von oben nach unten, damit Querstreben, Leisten und Sachen, die in Dackelaugenhöhe sind, nicht vergessen werden.

Sind Sie an der Tür wieder angelangt, kommen die Dinge dran, die im Zimmer in der Mitte stehen.

Pflege der Einrichtungsgegenstände

Mit einfachem Abstauben ist es nicht immer getan, manche Möbel brauchen Pflege, die auf ihr Material speziell abgestimmt ist.

Polstermöbel sollten Sie regelmäßig bürsten oder absaugen. Ritzen und Falten in den Polstern mit der Spezialdüse von Krümeln und Wollmäusen befreien.

Verschmutzte Stellen auf stoffbezogenen Möbeln (Leinen, Baumwolle) mit einem Kunststoffradiergummi bearbeiten.

Glattledermöbel werden mit einem weichen Tuch abgerieben und ab und zu mal mit Lederpflegemittel eingerieben und poliert. Dann sind sie unempfindlicher gegen Flecken.

Wildledermöbel mit einem trockenen Lappen abstauben oder mit ganz schwacher Einstellung und Spezialdüse absaugen. Glanzstellen und Flecken mit ganz feinem Sandpapier abschmirgeln. Neue Wildledermöbel mit Flecken-spray vorbehandeln.

Naturbelassene Hölzer (geschliffen, gehobelt) ab-waschen, eventuell mit Scheuerpulver oder Stahlwolle reinigen.

Eichenmöbel kann man mit Bier abwaschen, gleich trockenreiben, dann sind sie wieder wie neu.

Gewachste oder geölte Oberflächen nur abstauben, ab und zu mit Teaköl oder Wachs behandeln.

Tip: *Wasserringe auf polierten Oberflächen mit etwas Petroleum abreiben.*

Chrom- oder Stahlmöbel sollten Sie nach dem Feucht-wischen trockenreiben und polieren, damit keine Rost-flecken entstehen.

Wachstropfen auf Holz mit dem Fön aufweichen

Tip: *Wachstropfen auf Holzmöbeln vorsichtig abheben, den Rest mit dem heißen Fön weichmachen und mit Papiertüchern abwischen. Letzte Reste eventuell mit Waschbenzin entfernen. Vorher an unsichtbarer Stelle probieren, ob Benzin keine Flecken hinterläßt.*

Spiegel und Bilder: Das Glas von Spiegeln und Bildern mit Fensterputzspray behandeln. Vorsicht, daß bei Bildern keine Flüssigkeit hinter das Glas gerät. Die Rahmen werden abgestaubt oder feucht gewischt.

Heizkörper: Im Sommer, wenn die Heizung abgestellt ist, sollten die Heizkörper mit lauwarmem Seifenwasser abgewaschen werden. Für schmale Rippen gibt es spezielle Heizungsreiniger.

Lampen: Je nach Material abbürsten oder mit Seifenwasser abwaschen und dann trockenreiben. Stoffbezogene Lampenschirme mit dem ganz schwach eingestellten Staubsauger absaugen.

Tapeten und Wände: Leichte Verschmutzungen lassen sich von den Wänden abkehren oder absaugen. Ein sauberes Tuch um den Besen knoten und die Wände gleichmäßig abfegen. Mit dem schwach eingestellten Staubsauger lassen sich Tapeten und Wände auch reinigen. Schmuddelige Stellen rings um Lichtschalter mit feuchtem Seifenlappen von der Tapete waschen. Streifen und Flecken lassen sich auch mit Radiergummi abreiben.

Türen und Türrahmen: Dunkle Stellen rings um die Griffe weißer Türen und Türrahmen mit Seifenwasser und einem weichen Lappen abwaschen. Dunkle Türen werden übrigens auch dreckig, man sieht es nur nicht so. Lackierte Türen mit Seifenwasser, Naturholztüren mit Holzpflegemittel säubern.

Fensterputzen

Wie oft man Fenster putzt, hängt davon ab, wie verschmutzt sie sind. Ein starker Raucher muß sie öfter putzen als einer, der nur Gummibärchen kaut.

Vor Arbeitsbeginn, 2 Eimer mit heißem Wasser, einen mit Spülmittelzusatz, den anderen mit einem Schuß Spiritus, Wischlappen, Gummiwischer oder Fensterleder, kleine Trittleiter bereitstellen.

Tip: *Nie Tische und Stühle übereinanderstellen, wenn keine Trittleiter vorhanden ist. An der Spitze tödlicher Unfälle im Haushalt stehen Stürze!*

Zuerst **Innenrahmen** mit Putzwasser gründlich abwaschen, Fensterglas ebenso säubern, dabei die Ecken besonders gut reinigen. Rahmen abtrocknen.

Fenster mit Spirituswasser reinigen und dann mit Gummiwischer oder Fensterleder trocknen. Außenfenster ebenso
behandeln.

Gummiwischer von oben nach unten ziehen, dabei über-
lappend arbeiten, so daß keine Wasserstreifen übrigbleiben.
Das Wasser, das an den unteren Rand fließt, mit einem
Schwammtuch oder Lappen auffangen.

Die **Ecken** gut auswischen, darauf achten, daß keine
Fusseln zurückbleiben.

Beim Fensterputzen kann man gut beidhändig arbeiten: Die
linken Fensterseiten mit der linken Hand wischen, die rechten mit der rechten Hand.

Fensterbretter und Außenrahmen mit Putzwasser, dem
etwas Salmiakgeist zugesetzt wird, reinigen. Die Fenster und
Rahmen müssen nicht jedesmal so gründlich geputzt werden. Zwischendurch kann man auch mal ein Fensterputzspray aufsprühen und dann nur das Glas blankreiben. Beim
Kauf auf umweltfreundliches Pumpspray achten.

Kunststoff- und Alufensterrahmen nie mit kratzenden
Mitteln reinigen.

Fliegenfenster saugt man mit dem Staubsauger ab, eventuell feucht nachwischen.

Tip: *Putzen Sie Ihre Fenster nie bei Sonnenschein. Sie
trocknen zu schnell und werden streifig. Und außerdem gibt's
dann schlechtes Wetter, sagt eine alte Hausfrauenweisheit.*

Bücherregale

Es macht nicht nur Arbeit, sondern auch Spaß, einmal im
Jahr alle Bücher aus den Regalen rauszunehmen, abzu-

saugen und nebenbei ein bißchen zu schmökern. Dabei können Sie auch gleich Bücher für den Flohmarkt aussortieren und damit Platz für neuen Lesestoff schaffen.

Regalfächer feucht auswischen, wenn nötig mit Möbelpflegemittel behandeln.

Fernseher, Telefon usw.

Fernseher: Bildschirm mit Spirituswasser abwischen und trockenreiben. Das hintere Gehäuse nicht feucht wischen, damit kein Wasser ins Gerät kommt.

Staub läßt sich aus Elektrogeräten wunderbar mit dem Staubsauger entfernen.

Durchsichtige Teile nur mit Seifenwasser, nicht mit kratzenden Mitteln reinigen.

Telefon ab und zu feucht abwischen. Mit Spiritus abgerieben bekommt es wieder vollen Glanz.

4

Der Schlafraum

Hilfe, Mutter kommt!

Ich bin eine 48jährige Tochter. Ja, Tochter immer dann, wenn Mutter zu Besuch kommt. Besser gesagt, als Naturereignis über uns hereinbricht. Dann räume ich vorher schnell die Schränke auf, drehe die Zahnpastatuben zu, sauge im Kinderzimmer, wische Staub an Stellen, die es gar nicht gibt, poliere Teller, die eigentlich matt sein sollen. Und trotzdem vermißt sie immer noch etwas, was sie mir angeblich beigebracht hat, meine kleinen grauen Zellen jedoch verdrängt haben.

»Hast du von mir gelernt, daß Schuhe im Flur rumstehen?«
»Ist es jetzt modern, Kupfer nicht mehr zu putzen oder habe ich das vielleicht früher auch so gemacht?«

Die Betten werden schnell noch mal kasernenmäßig gebaut und auf dem Kleiderschrank Staub gewischt. Und das, obwohl Mutter gar nicht so genau hinguckt.

Drei Tage halte ich das mit der Unterstützung meiner Familie aus, dann platzt mir meist der Kragen. Und ich werde von der Tochter wieder zum Menschen. Mutter auch, und dann vertragen wir uns wunderbar, und wenn es nur die letzte halbe Stunde auf dem Bahnsteig ist.

Wenn ich mal meine Söhne und Schwiegertöchter besuche, werde ich sicher auch so ein Naturereignis, wenn mein Gedächtnis mich im Stich läßt ... oder auch nicht.

45

Schlafzimmer lüften

Damit Sie entspannt und angenehm schlafen können, sollten Sie Ihr Schlafzimmer immer gut lüften, die Betten machen und regelmäßig frisch beziehen. Das gibt das wohlige Gefühl, das erholsamen Schlaf garantiert.
Wer nicht gern bei offenem Fenster schläft, kann es ruhig nach dem Lüften schließen.

Betten machen

Jede Nacht schwitzt man fast einen Liter Flüssigkeit ins Bett! Dann leuchtet es ein, daß das Bett am nächsten Morgen gründlich aufgeschüttelt und gelüftet werden muß.

Kissen und Decken aus Daunen kräftig aufschütteln, damit die Federn sich wieder aufplustern können. Woll- oder Seidendecken brauchen Sie nicht zu schütteln, wohl aber zu lüften.

Laken anschließend glattziehen. Praktisch sind Spannbettücher, die bleiben immer schön glatt. Denken Sie daran bei Neuanschaffungen.

Das geschüttelte Kissen an seinen Platz legen, die Decke aufgedeckt lassen.

Wer zu Hause bleibt, kann das Bett etwa 1–2 Stunden später fertigmachen. Dazu legen Sie die Decke auf die Hälfte zusammen oder breiten sie in der ganzen Länge über das Bett. Dann legen Sie – falls vorhanden – eine Tagesdecke darüber.

Unhygienisch und schlecht fürs Bettzeug ist es, die Decken und Kissen gleich nach dem Aufstehen im Bettkasten unter der Schlafcouch verschwinden zu lassen.

Betten frisch beziehen

Die Betten sollten Sie alle 8–14 Tage frisch beziehen. Dabei alle paar Wochen die **Matratzen** absaugen. Es tut ihnen auch gut, wenn sie dabei umgedreht und Fuß- und Kopfende vertauscht werden.

Als erstes das **Laken** über die Matratze spannen, dabei die Zipfel gut auf der Unterseite einschlagen. Etwa so, wie man Papier um ein Päckchen faltet.

Das Laken wie Papier um ein Paket falten

Jetzt kommt das Beziehen der **Decken und Kissen.** Wenn man die Tricks kennt, ist es gar nicht kompliziert:

Kissenzipfel durch den Bezug erfassen

Bezüge auf die linke Seite wenden. Hände in den Bezug stecken, die oberen Bezugzipfel und die Ecken der Decke fassen.

Jetzt den Bezug herunterschütteln, so daß sich dieser über die Decke stülpt. Die unteren Ecken in den Bezug stecken und den Bezug zuknöpfen.

Kissen ebenso beziehen.

Wer keine Lust hat, dauernd die **Knöpfe** an den Bettbezügen wieder anzunähen, der näht **Wäschebänder** an die Stelle der Knöpfe und Knopflöcher und bindet die Bezüge zu. Die Bänder reißen nicht so leicht wie Knöpfe ab.

Tip: *Am Wochenende, oder wenn sonst mal Zeit und dazu trockenes Wetter ist, tut es dem Bettzeug richtig gut, wenn es ein paar Stunden am offenen Fenster gelüftet wird. Es riecht danach ganz toll.*

Kleiderschränke und Kommoden

Möglichst zweimal im Jahr – Herbst und Frühling – sollten Sie Ihren Kleiderschrank und alle Schubladen ausräumen. Dabei werden auch gleich die Bestände gesichtet, und man kann wegtun, was man nicht mehr braucht. Mit dem Staubsauger Staub entfernen, dann feucht auswischen.

Rauhe Schubladen und Fächer eventuell mit **Schrankpapier** auslegen.

Um unliebsame Besucher fernzuhalten, plazieren Sie **Mottenstrips** im Schrank und in den Fächern.

Das Schlafzimmer wird ansonsten genau wie das Wohnzimmer saubergemacht. Am besten gleich immer beide zusammen, das ist rationeller.

Beziehen Sie aber die Betten vor dem Staubwischen, sonst können Sie's gleich noch mal machen, weil alles wieder verstaubt ist.

5
Bad, Balkon und Keller

Kalter Krieg im Badezimmer

Ein gütiges Schicksal hat uns, als unsere Kinder in dem Alter waren, ihre Zähne und den Po selber zu putzen, in ein Haus verschlagen, das zwei Badezimmer besitzt. Das hat den morgendlichen Streß auf ein Minimum reduziert. Erst beim Mittagessen konnte ich meckern: »Philipp, deine Zahnbürste war heute früh ganz trocken. Wie hast du dir die Zähne geputzt?«

»Wie die Indianer, mit den Fingern!«

Solchen Antworten ist man machtlos ausgeliefert und Färbetabletten, die den Schwindler überführt hätten, gab es damals noch nicht. Ich nehme an, daß meine Söhne nach mehrmaligem Ermahnen meinerseits morgens kurzerhand die Zahnbürsten naßgemacht und ohne Umweg über den Mund gleich wieder ins Zahnglas gestellt haben. Denn erst später, als sie bereits zweistellige Geburtstage feierten und Caroline, Susanne und Sabine und wie sie alle hießen, ewige Treue schworen, stellte ich am ungeheuren Zahnpastaverbrauch und dem entsprechenden Baaz im Waschbecken fest, daß die Mahnungen Karius und Baktus betreffend, fruchteten. Allerdings bekam ich dann jeden Morgen, wenn alle aus dem Haus waren und ich das Kinderbad betrat, regelmäßig einen Schreikrampf, der jedoch bald nicht mal mehr den Dackel aus seinem Vormittagsnickerchen aufschreckte.

Nie, aber auch gar nie hat einer es für nötig gehalten, das Waschbecken auszuwischen, die Handtücher und Waschlappen an die entsprechenden Haken, die ich liebevoll mit den Namen der Jungs bemalt hatte, zu hängen. Dabei hatte ich die gleiche Unordnung bereits im eigenen Bad beseitigen müssen. Daß mein Ehegespons in dieser Beziehung nichts mehr lernt, damit hatte ich mich abgefunden, aber daß meine Söhne, die doch schließlich von MIR erzogen wurden, auch nicht reagierten, brachte mich auf die Palme.

52

Einmal, und das ist gar nicht so lange her, habe ich in meiner Verzweiflung über die Schwerhörigkeit meiner Söhne – ich wußte aber genau, daß sie lesen können – den ganzen Badezimmerspiegel mit einem Plakat zugeklebt. Darauf stand: »BITTE (in rot), der, der zuletzt das Bad verläßt, möge BITTE das Waschbecken putzen!
BITTE wenn Ihr frische Handtücher und Waschlappen nehmt, tut die benützten
BITTE in den Wäschekorb (Besser hängt Ihr sie über den Korbrand zum Trocknen)!
DANKE FÜR EURE MITARBEIT!!!«
Es hat nichts genützt. Die Jungs rasierten sich kurzerhand vor dem Garderobenspiegel, und Handtücher wurden einfach nicht mehr gewechselt. Sie wußten ja aus Erfahrung, daß ich das nicht lange durchhalten und doch wieder selbst zum Schwammtuch greifen würde.

Bad, Dusche, Toilette

Die erste »eigene« Badewanne werden wohl weniger Molche, Frösche und Kaulquappen bevölkern, wie zu Hause, sondern es werden in ihr Bier-, Sekt- oder Weinflaschen für die diversen Housewarmingpartys gekühlt werden.
Wie dem auch sei, eine Badewanne und das ganze Drumherum müssen natürlich auch saubergehalten werden. Schließlich sollte der Platz, an dem man was für die Hygiene und Körperpflege tut, auch hygienisch rein und gepflegt sein.
Waschbecken: Nach jedem Benützen das Becken mit feuchtem Tuch oder Schwammtuch auswischen. Wenn nötig, etwas Scheuersand oder ein Flüssigmittel benützen. Nachspülen, trockenreiben. Die Ritzen um den Wasserhahn und den Abfluß immer gründlich trocknen, denn hier setzt sich gerne Schmutz und Kalk ab.

Armaturen nie mit Scheuermittel, sondern mit Haushalts-reiniger putzen und danach blank reiben.

Das Sieb am Wasserhahn, der sogenannte »Perlator«, muß spätestens dann gereinigt werden, wenn es nach allen Seiten spritzt.

Badewanne: Die Badewanne nach Gebrauch ausspülen und eventuelle Ränder von Cremebädern mit Lappen und Spülmittel entfernen. Bei kalkhaltigem Wasser ersparen Sie sich unnötige Arbeit, wenn Sie gleich nach dem Baden die Armaturen trockenreiben.

Wandfliesen: Auch sie am besten gleich nach dem Baden oder Duschen abtrocknen. Sollten aber doch Kalkflecken entstehen, dann entfernen Sie die wie üblich mit Essigessenz. Die Fugen zwischen den Fliesen mit Scheuersand sauber-halten, dauerelastische Fugen nur mit mildem Mittel rei-nigen.

Tip: *Da ich ein schlechtes Gedächtnis habe, welches Tuch ich wofür benützt habe, verwende ich blaue und grüne Lappen für Bäder, Toiletten und sonstiges feuchtes Wischen. Gelbe, rote und orangefarbene bleiben ausschließlich in der Küche.*

Dusche: Duschwände sind meist aus Kunststoff, und man kann sie nicht einfach mit Scheuerpulver abschrubben. Also auch hier milde Haushaltsreiniger oder Essigwasser nehmen, um die leidigen Kalkspritzer zu entfernen. Den Schmutz in den Ritzen zwischen Alurahmen und Plastik-wand mit einer Wurzelbürste, Seife und viel Wasser putzen, anschließend trockenreiben. Schmutz auch außen an den Duschwänden entfernen.

Duschvorhänge müssen regelmäßig gewaschen oder abgewischt werden. Sie werden nicht muffig und bekommen keine Stockflecken, wenn sie nach dem Reinigen in Salzwas-ser getaucht und dann aufgehängt werden. Kleine Stockflecken können mit Natron entfernt werden. Schimmel und größere Stockflecken entfernt man mit einem Spezialmittel aus der Drogerie. Vorsicht! Sehr giftig!

Verkalkte Duschköpfe, die spritzen oder nur noch tröpfeln, abschrauben und über Nacht in Essig legen.

Toilette: Nach jedem Benutzen die Bürste nehmen, bürsten und nachspülen.

Ist das Porzellan, da wo das Wasser steht, grau und wird auch durch kräftiges Bürsten nicht sauber, dann muß der Kalk durch Einweichen mit Essigessenz oder einem Kalklöser entfernt werden. Ist der Kalk erst mal weg, kann sich kein Schmutz mehr auf der nun wieder glatten Oberfläche festsetzen. Vorausgesetzt, die Toilette wird regelmäßig gepflegt. Vergessen Sie den inneren oberen Rand nicht, hier setzt sich unsichtbarer Schmutz fest. Mit der Klobürste kommen Sie dagegen an.

Bevorzugen Sie umweltfreundliche Toilettenreiniger, die auf Zitronensäurebasis arbeiten. Chlorhaltige Mittel sollte man vermeiden.

Außen die Toilette mit feuchtem Lappen abwischen. In den **Rillen,** wo das Becken auf dem Boden steht, sammelt sich mit der Zeit übelriechender Dreck an. Den entfernt man am besten mit einer Wurzelbürste und Wasser. Danach trockenreiben.

Brille und Deckel werden von oben und unten mit feuchtem Lappen gereinigt. Wenn's besonders hygienisch sein soll, gibt man einen Tropfen Desinfektionsmittel auf den Lappen.

Uralte Kalkränder in Toiletten können mit Sandpapier (Naßschleifpapier, grobe Körnung) entfernt werden. Dazu zunächst das Wasser aus dem Becken entfernen, schleifen und mit Essigessenz nachbearbeiten. (Wenn man dazu Gummihandschuhe anzieht, ist es nicht so ekelig.)

Badezimmerlampen: Dunkle Schimmer in Badezimmerlampen, die sich einfach nicht abwischen lassen, sind keine

Materialfehler. Lampe aus ihrer Fassung drehen. Tausend tote Fliegen haben hier ihre letzte Ruhestätte gefunden. Mit dem Staubsauger kriegen Sie sie am besten raus. Anschließend das Glas innen und außen mit Seifenwasser abwaschen und abtrocknen.

Badezimmerspiegel: Spiegel mit Fensterreinigungsspray einsprühen und abwischen. Nur umweltfreundliche Pumpsprays verwenden!

Ablagen und Schränkchen: Glasablagen mit Fensterputzmittel reinigen.

Schränke und Schubladen mit mildem Seifenwasser innen und außen saubermachen.

Behälter für die Hausapotheke regelmäßig kontrollieren, auswischen.

Alte Medikamente zur Apotheke bringen.

Badezimmer- und Toilettenvorleger regelmäßig in die Waschmaschine geben. Wenn Sie unter Fußpilz leiden, sollten Sie nur kochbare Vorlagen verwenden, um eine Wiederansteckung zu vermeiden.

Der Balkon

Glücklich der, zu dessen Wohnung ein Balkon gehört. Der Balkon erweitert im Sommer den Wohnraum und im Winter bringt er ein Stück Natur in die Stadt. Man kann ihn mit winterfesten Pflanzen ausstatten. Außerdem macht es Spaß, hier Vögel zu füttern und zu beobachten.

Im Frühling ist dann allerdings ein Großputz fällig. Sonnenblumenkernreste und sonstige Hinterlassenschaften werden mit Schrubber und reichlich Wasser entfernt.

Dann bereiten Sie die **Balkonmöbel** durch eine Wäsche mit Seifenwasser auf die kommende Saison vor.

Sonnenschirme absaugen oder bürsten. Verfärbte Sonnenschirme kann man mit Stoffarbe neu bemalen. Gammelige Fransen ersetzen Sie am besten durch frische, dann sieht das alte Stück wieder wie neu aus.

Vor den »Eisheiligen«, die sind bis zum 15. Mai, sollten Sie die **Balkonkästen** nicht mit frostempfindlichen Pflanzen bestücken.

Aber Sie können schon mal hölzerne **Blumenkästen oder -kübel** vor dem Bepflanzen mit Leinöl einstreichen. Sie halten viel länger.

Wenn sie ein paar **Tomatenpflanzen** zwischen die Balkonblumen setzen, bleiben Fliegen und Ungeziefer fern, außerdem gibt's eine kleine Ernte.

Feuer- oder andere **Bohnen bzw. Erbsen,** an Schnüren oder Bambusstäben gezogen, ergeben einen grünen Sichtschutz und eine oder mehrere leckere Mahlzeiten.

Keller und Abstellraum

Vor dem Einräumen Keller oder Abstellraum gründlich saubermachen, Regale reinigen. Nur saubere, trockene Sachen in den Raum geben.

Stoffschränke sind praktische Aufbewahrungsorte für die Sommer- bzw. Wintergarderobe.

Bananenkartons, mit Tapeten beklebt, eignen sich prima zum Aufbewahren von Sachen, die man selten braucht.

Sie sollten an die **Aufbewahrung von Lebensmitteln und Getränken** im Keller oder Abstellraum nur denken, wenn dieser nicht zu warm ist. Stellen Sie die Sachen übersichtlich auf, und kontrollieren Sie regelmäßig die Haltbarkeitsangaben.

Feuchte Kellerräume gut lüften.

Achtung! Wenn es draußen wärmer als drinnen ist, nicht lüften, es könnte noch feuchter werden.

6

Wäsche waschen

Socken in der Kochwäsche

Es gab Zeiten, da lief unsere ganze Familie in rosa Unterwäsche rum, waren die weißen Damasttischtücher zartgrau-
auberginenfarben abgetönt, und Papas weiße Hemden
hatten einen unvergleichlichen schwarzbraunen Schimmer.
Und das nicht etwa, weil es gerade Mode war. Nein, im
Gegenteil. Die raffinierten Farbveredelungen verdankte
unsere Wäsche den in der Waschmaschine vor der Kochwäsche vergessenen T-Shirts, den in Unterhosen stecken-
gebliebenen schwarzen Socken oder der Tatsache, daß die
Feinwäsche statt mit 30 mit 95° C gewaschen wurde.
Solche Farbräusche wurden von meinem Mann wie
schwere Schicksalsschläge tapfer ertragen.
Auch daß seine selbstgekauften Designersocken nach der
ersten Wäsche nur noch den Kindern paßten, nahm er noch
tapfer hin.
Aber daß sein original englischer Lieblings-Lamb's-wool-
Pulli hart wie ein Brett und steif wie eine Streichholzschach-
tel aus der Wäsche kam, nahm er nicht der Waschmaschine,
sondern schlicht mir übel. Und wenn ich nach diesem Vorfall
andeutete, daß eines seiner Lieblingsstücke reif für die
Wäsche wäre, verschwanden sie unauffindbar. Ich machte
ihm dann klar, daß man verschwundene Lieblingshemden
nicht anziehen kann. Bei gewaschenen stehen die Chancen
50:50.

58

Aber im Laufe der Zeit und der Erfahrung sind verfilzte, verfärbte, verkleinerte oder ausgeleierte Stücke selten geworden. Nur – letzte Woche das Lieblings-Tennishemd ...
Leider hat meine Waschmaschine nun aber eine neue Unart, für die ich ganz bestimmt nichts kann: sie frißt Socken! Leider verschlingt sie sie nicht paarweise! Was soll man nur mit

einzelnen Socken aller Farben und Qualitäten anfangen? Sie als Putzlappen verwenden? So viele Schuhe kann man gar nicht putzen, wie ich Solosocken im Wäschekorb habe.

Die internationalen Pflegesymbole

Bevor man etwas wäscht, muß man wissen, ob und wie man es waschen kann. In jedem Kleidungsstück finden Sie in einer Seitennaht oder am rückwärtigen Ausschnitt ein Etikett, das verschiedene Pflegesymbole aufweist. Daran sehen Sie, wie man das gute Stück behandeln muß. Entfernen Sie diese Etiketten nie aus dem Kleidungsstück, es könnte sein, daß Sie die Pflegevorschriften sonst vergessen. Die Pflegesymbole sind international.

Die wichtigsten Symbole sind:

Waschbottich: Der Waschbottich gibt an, daß dieses Stück gewaschen werden kann. Die Zahl im Bottich gibt an, mit welcher Höchsttemperatur gewaschen werden kann.

Ist eine **Hand im Waschbottich,** kann das Stück nur per Hand gewaschen werden.

Ist der **Waschbottich durchgestrichen,** darf das Teil nicht gewaschen werden.

Ist der **Waschbottich unterstrichen,** muß im Schongang gewaschen werden. Empfindliche Teile am besten immer mit der linken Seite nach außen waschen.

Dreieck: Das Dreieck gibt an, ob Chlorbleichlauge vertragen wird. Das durchgestrichene Dreieck verbietet den Gebrauch von Chlorbleichlauge.

Kreis: Der Kreis gibt an, ob chemisch gereinigt werden kann. Steht ein A oder P im Kreis, kann eine Normalreinigung vorgenommen werden. Ist das P unterstrichen oder steht ein F im Kreis, muß eine Spezialreinigung vorgenommen werden. Der durchgestrichene Kreis verbietet Chemische Reinigung.

60° (Waschbottich mit Wellenlinie)	= kann mit der angegebenen Temperatur gewaschen werden
Waschbottich mit Hand	= muß von Hand gewaschen werden
Durchgestrichener Waschbottich	= darf nicht gewaschen werden
Waschbottich mit Wellenlinie	= muß im Schongang gewaschen werden
Durchgestrichenes Dreieck	= keine Chlorbleichlauge verwenden
Kreis	= verträgt chem. Reinigung
(A) oder (P)	= Normalreinigung
Durchgestrichener Kreis	= keine chem. Reinigung
(F)	= Spezialreinigung
Quadrat mit Kreis	= Trockner geeignet
Durchgestrichenes Quadrat mit Kreis	= nicht in den Trockner geben
Bügeleisen mit drei Punkten	= kann heiß gebügelt werden
Bügeleisen mit zwei Punkten	= mittelheiß bügeln
Bügeleisen mit einem Punkt	= lauwarm bügeln
Durchgestrichenes Bügeleisen	= nicht bügeln

Quadrat mit Kreis: Dieses Zeichen gibt die Eignung für Trockner bekannt. Das durchgestrichene Zeichen sagt, daß Trocknen im Trockner nicht möglich ist.

Bügeleisen: Die Punkte im Bügeleisen geben den Temperaturbereich, in dem gebügelt werden kann, an. Drei Punkte = heiß, zwei Punkte = mäßig heiß, ein Punkt = nicht heiß bügeln. Ein durchgestrichenes Bügeleisen verbietet das Bügeln.

Tip: *Beim Einkauf von Textilien immer auf das Pflegeetikett achten. Oft merkt man erst zu Hause, daß man ein Teil nur separat oder von Hand waschen kann.*

Wenn Sie Unterwäsche kaufen: darauf achten, daß sie trocknergeeignet ist, dann läuft sie bestimmt nicht ein. Sonst lieber ein bis zwei Nummern größer nehmen.

Die Pflegeetiketten niemals aus dem Teil entfernen, sonst weiß man später nicht, wie es gewaschen oder gereinigt werden soll.

Wie man zu einer blütenweißen Weste kommt

Buntes, das Sie zum ersten Mal waschen, trennen Sie von der übrigen Wäsche. Es kann sein, daß das neue Stück noch überschüssige Farbe enthält und dadurch die andere Wäsche verfärben könnte.

Weiße, nasse Wäsche nicht in der prallen Sonne aufhängen. Die Waschmittel enthalten optische Aufheller, die die Wäsche in der Sonne vergilben lassen.

Nasse, bunte Wäsche nicht lange aufeinander liegen lassen, sonst färben sie gegenseitig ab.

Empfindliche Wäsche (zarte Blusen, Strumpfhosen usw. in ein Kopfkissen stecken und dann in der Waschmaschine waschen.

Mischgewebe mit der Temperatur waschen, die für den empfindlicheren Anteil notwendig ist.

Die Waschmittel

Bevor ein Waschmittel in den Einkaufskorb wandert, sollte man genau lesen, welche Inhaltstoffe in dem Päckchen sind. Kaufen Sie nur phosphatfreie Waschmittel! Sie sind umweltfreundlicher als phosphathaltige.

Achten Sie auch darauf, daß die Waschmittel »biologisch abbaubar« sind. Am besten verwendet man so wenig Waschmittel wie möglich und wäscht die Wäsche auch nur, wenn nötig.

Die Menge des verwendeten Waschmittels richtet sich nach dem Härtegrad des Wassers. Also: beim Wasserwerk oder Hauswirt nach dem Härtegrad fragen. Auf dem Waschmittelpaket steht eine Tabelle, aus der man ablesen kann, wieviel Waschmittel, bei welchem Härtegrad gebraucht wird.

Bei leichtverschmutzter Wäsche kann das Pulver niedriger dosiert und auf einen Vorwaschgang verzichtet werden.

Übrigens: hygienisch sauber wird die Wäsche auch bei 60° C. Bei dieser Temperatur werden Bakterien bereits abgetötet.

Vollwaschmittel für 95° C verwendet man für kochbare Wäsche wie weiße Handtücher, Tischwäsche, Bettwäsche, weiße Hemden (siehe Pflegeetikett), weiße Unterwäsche usw.

Vollwaschmittel für 60° C wäscht farbige Wäsche oder Wäsche aus Kunstfasern, die entsprechende Temperaturen vertragen.

Feinwaschmittel für 40° C braucht man für besonders empfindliche Wäsche.

Die meisten Waschmittel haben die Funktionen aller drei

hier aufgeführten Mittel in einem. Sie kann man sie unbedenklich für die verschiedenen Bereiche einsetzen. Vorsicht ist allerdings bei Feinwäsche geboten, da ist es besser, ein spezielles Feinwaschmittel zu benützen. Es schont die Farben und die Fasern mehr.

Waschpasten werden benützt, um stark verschmutzte Stellen vor dem Waschen in der Maschine oder von Hand vorzubehandeln.

Tip: *Tubenwaschmittel, die man auch auf die Reise mitnehmen kann, gehören nicht in die Waschmaschine. Die Maschine wird mit dem entstehenden Schaum nicht fertig und kann überlaufen.*

Weichspüler kommen ins letzte Spülwasser. Sie erleichtern das Bügeln, machen Frottee- und Trikotsachen griffiger und weicher.

Allerdings: Zuviel Weichspüler legt sich wie ein Film auf die Schlingen und beeinträchtigt die Saugfähigkeit.

Wer einen Wäschetrockner benutzt, braucht keine Weichspüler. Und wer an die Umwelt denkt, verzichtet sowieso darauf.

Waschen mit der Waschmaschine

Viele Waschmaschinen haben **Sparprogramme** oder Programme für halbe Füllungen. Die sollten Sie unbedingt ausnützen!

Zunächst muß die Wäsche nach ihren Wascheigenschaften sortiert werden.

Weiße Kochwäsche nicht mit farbiger Kochwäsche zusammen waschen, sonst vergraut die weiße Wäsche.

Buntwäsche bis 60° C nach hell und dunkel sortieren.

Buntwäsche bis 40° C ebenso einteilen.

Feinwäsche bis 30° C wird ebenfalls gesondert gewaschen.

Die Waschmaschine selbst braucht wenig Pflege. Sie sollten nur regelmäßig das **Flusensieb** entleeren.

Außerdem die **Waschmittelbehälter** sauberhalten, sonst verkleben sie.

Wichtig: Wenn man auf Reisen geht – oder besser noch, immer wenn man das Haus verläßt –: den Wasserhahn abstellen!

Die Wäsche von Hand

Wem schon mal ein in mühsamer Handarbeit gestrickter Pullover durch Maschinenwäsche auf Zwergengröße geschrumpft ist, der wird lieber einmal zuviel als zuwenig empfindliche Wäscheteile von Hand waschen.

Zuerst die hellen Teile, dann die dunkleren waschen. Feinwaschmittel mit lauwarmen Wasser auflösen. In dieser
Lauge das Kleidungsstück schwimmen lassen, leicht durch-
drücken.

Kragen, Manschetten und verschmutzte Teile werden ein
bißchen mehr bearbeitet, aber nicht gerubbelt.

Flecken vor dem Waschen mit einem Faden markieren, denn
im nassen Stück findet man sie kaum wieder.

Zum Schluß die Lauge aus dem Stück drücken und es dann
drei- bis viermal mit sauberem Wasser spülen. Das letzte
Spülwasser muß ganz klar sein.

Das Wasser nun vorsichtig ausdrücken, nicht an dem
Wäschestück zerren, es verliert sonst seine Form.

Wollsachen werden in Form gezogen und auf einem
Frotteetuch ausgebreitet getrocknet.

Seide, Viskose und andere empfindliche Gewebe
werden zunächst in ein Frotteetuch gerollt und dann auf
einem Kleiderbügel, der nicht abfärbt oder rostet, aufge-

hängt. Super für empfindliche Teile sind aufblasbare Bügel, da drückt sich nichts im Schulterbereich durch. Auf Reisen sind diese Bügel auch sehr praktisch. Seide kann in feuchtem Zustand vorsichtig trockengebügelt werden.

Wenn man keine Waschmaschine hat

Nicht immer steht eine Waschmaschine für Kochwäsche und Buntes zur Verfügung. So können Sie »nach Großmutters Art« Ihre Sachen sauber bekommen:
Farbechte Kochwäsche (Unterwäsche, Taschentücher, Bettwäsche) in eine Waschmittellauge (Dosierungsvorschriften beachten) in einen großen Kochtopf legen und zum Kochen bringen. Ab und zu mit einem Holzlöffel umrühren. Abkühlen lassen. Besonders verschmutzte Stellen mit den Händen oder einer Bürste sauber rubbeln. Spülen – am besten in der Badewanne – bis das Wasser klar ist.
Wer keine Lust hat, die Wäsche von Hand zu waschen, geht natürlich in einen Waschsalon. Je nach Stadtteil sind die **Waschsalons** ein lustiger Treff für junge Leute.

Gardinen

Schmutzige Gardinen miefen und müssen dann gewaschen werden. Besonders häufig müssen Raucher ihre Vorhänge waschen und auch ab und zu mal mit einem Aufheller Vergilbungen behandeln. Gardinen werden entweder als Feinwäsche in der Waschmaschine (ohne Schleudern) oder von Hand in der Badewanne gewaschen. Gut ausspülen und ziemlich feucht aufhängen, dann werden sie von alleine wieder glatt. Gardinen aus Baumwolle, Leinen, Seide oder Materialien, die nicht pflegeleicht ausgerüstet sind, müssen gebügelt werden. Am besten bringen Sie sie in eine Reinigung.

Das Trocknen der Wäsche

Wäsche schon sortiert aufhängen, dann kann sie gleich richtig zusammengelegt werden!

Die Wäsche wird auf einer Leine, einer Wäschespinne oder einem Trockengestell aufgehängt.

Wäscheleine im Freien vorher mit einem feuchten Lappen abwischen. Dann Wäschestücke glattziehen, Ärmel richtig rumdrehen usw. Damit sich die Teile nicht verziehen, klammert man sie an Nähten, am Saum oder am Bund an die Leine.

Stücke, die zusammengehören, nebeneinander aufhängen. So kann man z.B. beim Abnehmen gleich die Strümpfe zusammenstecken.

Blusen, Hemden, Sweat-shirts, T-Shirts und ähnliches auf Kleiderbügel hängen. Sie behalten dann ihre Form besser und lassen sich leichter bügeln.

Der Wäschetrockner: Im Wäschetrockner trocknet man alles, was nicht einlaufen kann und relativ hohe Temperaturen aushält.

Der Trockner läßt sich auch auf **Kaltluft** stellen. Das ist prima zum Nachbehandeln von bereits getrockneten Cordsamthosen, die werden dann wieder wie neu. Anoraks, die man waschen darf, kann man nach dem Trocknen im Wäschetrockner mit Kaltluft behandeln. Dann plustern sich die Daunen wieder auf und verteilen sich gleichmäßig.

Beim Wäschetrockner darauf achten, daß das **Flusensieb** jedesmal geleert wird, sonst trocknet er nicht richtig.

Je nach System muß auch der **Kondenswasser-Behälter** geleert werden. Bitte die Gebrauchsanleitung beachten.

Wäsche zusammenlegen

Viele Textilien, vor allem **Chemiefasern** sind so ausgerüstet, daß sie nicht gebügelt werden müssen.

Frotteebettwäsche und -handtücher brauchen kein Bügeleisen.

Geschirrhandtücher in Form ziehen und glatt zusammenlegen.

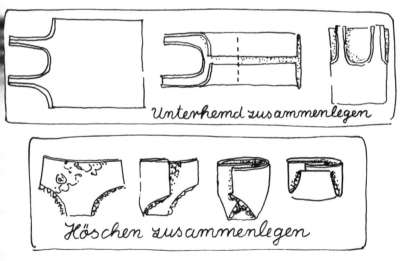

Unterhemd zusammenlegen

Höschen zusammenlegen

Hand-, Geschirr- und Frotteetücher so zusammenlegen, daß sie im Schrank wenig Platz wegnehmen.

Beim **Stapeln** im Schrank die Bruchkanten immer nach vorne legen, das sieht hübscher aus.

Unterwäsche so zusammenlegen, wie die Zeichnung es zeigt. Wenn Sie etwas Zeit haben, dann können Sie Ihre Unterwäsche auch bügeln und schön glatt zusammenlegen. Das hat zwei Vorteile: 1. nimmt die Wäsche weniger Platz im Schrank weg. 2. werden etwa vorhandene Keime durch das Bügeln abgetötet.

7

Wäsche pflegen

Gehaßt-geliebter Wäschekorb

Ständig quillt er über, mein Wäschekorb! Schließlich kein
Wunder bei fünf Personen mit Hund. Obwohl der Hund
eigentlich keine gebügelte Wäsche nötig hat, brauchen wir
seinetwegen aber um so mehr, denn er sieht sich als Schoß-
hund, unser zierlicher kleiner Riesenschnauzer. Und er be-
nimmt sich auch so, mit Vorliebe auf frisch gewaschenen und
gebügelten Röcken oder Hosen.

Ständig ist der Wäschekorb für mich die Verkörperung des schlechten Gewissens. Dieters weißes Leinenhemd ist nun schon zum dritten Mal wieder ganz nach unten gerutscht. Ich hoffe und zittere, daß er sich so schnell nicht an das Hemd erinnert. Es ist aber auch alles andere als »bügelleicht«. Für dieses Hemd muß man einfach aufgelegt sein.

Ich ächze und stöhne immer wie eine alte, verrostete Gartentür, wenn ich an den Korb ungebügelter Wäsche denke. Dabei gehöre ich zu den Frauen, die Probleme beim Bügeln lösen. Ob es sich um Erziehungsfragen, den Hund, die Kinder oder den Mann handelt, oder um das Durchdenken von Ehekonflikten der Nachbarschaft. Bei der ungeliebten, mechanischen Tätigkeit des Bügelns kann ich so richtig schön nachdenken und manchmal auch träumen …

Weihnachten vor einem Jahr schenkte mir mein liebevoll um mein Wohl besorgter Ehemann eine Bügelmaschine, »um mich von der Sklavenarbeit zu erlösen«.

Er kann's bis heute nicht fassen, daß seine Frau, die sonst Maschinen liebt, die die Nähmaschine perfekt beherrscht, mit der Strickmaschine wie ein Profi umgeht, die nicht mal den Kundendienst braucht, wenn die Waschmaschine tropft, daß diese seine Frau bisher noch kein einziges Mal mit der Maschine gebügelt hat. Und ich muß gestehen, daß sogar die Gebrauchsanweisung ungelesen in der Ecke liegt. Sonst verschlinge ich Gebrauchsanweisungen wie Kriminalromane, aber eine Bügelmaschine lehne ich ab!

Ich laß mir meine Tagträume nicht nehmen!

Bügeln

Zum Bügeln braucht man:

ein **Bügeleisen** – am besten ein Dampfbügeleisen –,

ein **Bügelbrett** – zusätzlich ein Ärmelplättbrett (zur Not tut's auch ein Tisch auf den eine Wolldecke und darüber ein sauberes Laken gebreitet wird),

eine **Blumenspritze** zum Anfeuchten der Wäsche,
ein **Bügeltuch** zum Dämpfen von Wollsachen, dafür eignet
sich ein glattes weißes Stück **Baumwoll- oder Leinen-
stoff**.
Wer noch nie gebügelt hat, übt am besten erst mal an ein-
fachen Stücken wie Taschentüchern, Servietten, Kopfkis-
senbezügen usw.
Zu Beginn der Arbeit die richtige Temperatur am Bügeleisen
einstellen.
Die Punkte an den Pflegeetiketten der Kleidungsstücke
geben Auskunft, wie heiß gebügelt werden darf. Diese

Punkte finden Sie auch auf dem Bügeleisen. So können Sie die Temperatur richtig einstellen.

Die Wäsche wird von rechts – Ausnahme Spitzenstoffe – mit langsamen Strichen von rechts nach links und zurück gebügelt.

Hemden und Blusen bügeln: Vor dem Bügeln feuchten Sie die Wäsche etwas an, sie läßt sich dann viel besser glätten. Dazu nehmen Sie entweder eine Blumenspritze oder einen sogenannten Wäschesprenger.

Zuerst alle doppelten Teile – Manschetten, Schulterpassen, Kragen, Knopfleisten, Taschen – bügeln.

Den Kragen zuerst von links, dann von rechts von den Kragenecken ausgehend zur Mitte hin bügeln. Anschließend die Ärmel plätten. Das Hemd mit dem Kragen zum Bügelbrettende zeigend von der Knopfleiste beginnend bügeln. Man arbeitet von sich weg, das heißt, die gebügelte Fläche hängt an der anderen Seite des Bügelbrettes herunter.

So bügelt man das Teil ringsherum bis zur Knopflochleiste:

1. doppelte Teile,

2. Ärmel,

3. Rumpf. Hemden und Blusen auf Kleiderbügel in den Schrank hängen, so bleiben sie schön glatt. Wer keinen Platz dafür hat, legt die Teile, wie beim »Kofferpacken« beschrieben, zusammen und stapelt sie im Schrank.

Sollte ein Stoff sich nicht gut bügeln lassen, ist er vielleicht zu trocken. Dann wird er während des Bügelns mit Hilfe einer Blumenspritze immer wieder angefeuchtet.

Hosen bügeln: Zunächst von links die Taschenbeutel, dann den Bund und die Nähte.

Hose auf die rechte Seite wenden.

Um die Bügelfalte an die richtige Stelle zu kriegen, legt man die Außennaht genau auf die Innennaht des ersten Hosenbeines. Dieses glattstreichen, der entstehende Bruch wird dann die Bügelfalte. Sie läuft am Vorderteil meist in einer

kleinen Bundfalte aus, hinten zeigt sie genau auf die Mittelnaht. Das zweite Hosenbein wird ebenso gebügelt.
Bei Wollhosen immer ein feuchtes Bügeltuch zwischen Stoff und Bügeleisen legen, sonst gibt es glänzende Stellen.

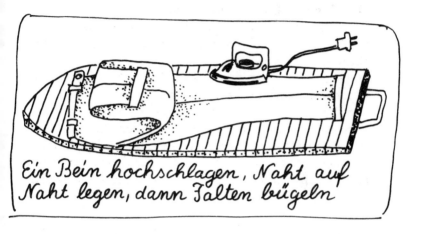

Ein Bein hochschlagen, Naht auf Naht legen, dann Falten bügeln

Jacken bügeln: Baumwoll- und Sportjacken werden im Prinzip wie Hemden gebügelt. Feine Sakkos sollten Sie mit feuchtem Bügeltuch plätten.
Die Ärmel über ein Ärmelbrett streifen, damit sie keine Falten bekommen.
Wenn Sie keine große Erfahrung im Bügeln haben, geben Sie empfindliche Teile besser zum Bügeln in die Reinigung.
Angeschmutzte und schmutzige Stücke nicht bügeln.

Tip: *Das Bügeln von Sakkos, Anzügen und Kostümen kann man vermeiden, wenn man die Sachen auf dem Kleiderbügel über Nacht ins Freie zum Auslüften hängt.*

Kleiderpflege

Damit man lange Freude an seinen Klamotten hat, muß man sie auch pflegen. Man muß nicht alles, was man einmal getragen hat, gleich waschen.

Wichtig: Alle Kleider erst gründlich auslüften, bevor sie wieder in den Kleiderschrank kommen!

Es tut den Sachen gut, wenn sie ab und zu ausgebürstet werden. Speziell in Hosenaufschlägen und -taschen.

Chemische Reinigung: Alle Sachen, die nicht mehr ganz sauber sind und nicht gewaschen werden können, so rasch wie möglich in die chemische Reinigung bringen.

Flecken entfernen: Wenn man der Werbung glauben darf, dann ist es kein Problem für »Clementine« und all die anderen Superwaschmittel, Ketchupflecken aus Seidenblusen, Obstflecken aus Wollsachen und Teerspritzer aus Jeans beim Waschen wegzukriegen. Verlassen Sie sich aber nicht darauf, sondern entfernen Sie einen Fleck, gleich wenn er noch frisch ist. Ist man sich nicht sicher, wie man einen bestimmten Fleck entfernt, sollte man das Stück dem Fachmann geben. Ansonsten macht man zunächst an einer unsichtbaren Stelle eine Probe, ob das Fleckenmittel den Stoff nicht verfärbt.

Die verschmutzte Stelle über ein sauberes Stück Stoff breiten, einen sauberen Lappen mit dem Fleckenmittel anfeuchten, und mit kreisenden Bewegungen den Fleck behandeln. Vorsichtig reiben, damit die Oberfläche des Stoffes nicht aufgerauht wird. Die Ränder verlaufend behandeln.

Tip: *Verfärbte, ehemals weiße Kleidungsstücke kann man prima mit Entfärber behandeln. Bunte, verfärbte Stücke lassen sich kaum oder nur unbefriedigend entfärben.*

Fleckentabelle

Bier, Honig mit lauwarmen Wasser – evtl. mit etwas Spülmittel – vorsichtig betupfen oder leicht reiben.

Blut sofort mit kaltem Wasser einweichen, spülen, anschließend evtl. mit warmer Waschmittellösung behandeln.

Fett (Öl, Butter, Mayonnaise, Salbe, Creme usw.) mit Reinigungsbenzin oder Fleckenwasser (Gebrauchsanleitung beachten) vorsichtig betupfen, Feinwäsche evtl. waschen.

Eiweiß, das angetrocknet ist, vorsichtig abrubbeln oder abschaben, in kaltem Wasser einweichen, mit heißer Waschmittellösung waschen.

Grasflecken, Kopierstifte, Kugelschreiber mit Reinigungsalkohol betupfen; Spezialfleckmittel anwenden.

Haarfarbe, Tinte, Tusche mit Feinwaschmittellösung betupfen, evtl. Spezialfleckenmittel anwenden oder vorsichtig mit Entfärber arbeiten.

Kaffee, Kakao, Tee mit Feinwaschmittellösung behandeln, nötigenfalls waschen.

Kerzenwachs, Bohnerwachs vorsichtig abschaben. Zwischen Löschpapier legen und mit mäßiger Hitze sooft überbügeln, bis das Papier keine Wachsspuren mehr zeigt. Eventuell mit Waschbenzin nachbehandeln.

Likör, Limonade mit Feinwaschmittellösung behandeln.

Lippenstift mit alkoholgetränktem Wattebausch betupfen, anschließend mit Feinwaschmittellösung behandeln, waschen oder Entfärber verwenden.

Obst, Rotwein, Säfte mit Feinwaschmittellösung betupfen, nötigenfalls Entfärber für 10 Minuten anwenden.

Sekt, Wein, Schweiß mit lauwarmen Wasser auswaschen.

Teer, Lack, Ölfarben sofort mit Terpentin oder Reinigungsbenzin behandeln und auswaschen.

Rostflecke mit Rostentferner behandeln.

Aus dem Nähkästchen

Knöpfe annähen ist, aus welchen Gründen auch immer, unbeliebt. Mein Vater hatte die Angewohnheit, Knöpfe, die noch relativ fest saßen, abzureißen, damit sie nicht verlorengingen. Das brachte meine Mutter regelmäßig auf die Palme, ihre Nerven litten darunter, und natürlich auch wir Kinder. Mutters Hand saß so locker wie der Knopf, und mit Ohrfeigen wurde nicht gespart. Es ist schon schlimm, wenn Erwachsene ihren Frust an den Kindern abreagieren. Um weiterer Ohrfeigen zu entgehen, gab ich Mutter den Rat, die Knöpfe mit Blumendraht zu befestigen, leider befolgte sie ihn nicht.

Aber unser Michael kam neulich mit einem per Draht befestigten Knopf an der Jeans an.

Von wem er die Idee wohl hatte? Schließlich weiß er nur, daß ich nicht gerne Knöpfe annähe und ebenso ungern Gummibänder einziehe, von Strümpfestopfen ganz zu schweigen.

Mit Nadel und Faden

Auch im kleinen Haushalt kommt man nicht drum herum, ab und zu mit Nadel und Faden Kleinigkeiten auszubessern oder zu nähen. Deshalb brauchen Sie ein kleines Nähkästchen mit den wichtigsten **Nähutensilien:**

Schere, ein Satz verschiedener Nähnadeln, Garne: schwarz, weiß und ein Zopf, der aus vielen verschieden farbigen Fäden geflochten ist – da zieht man den gewünschten Nähfaden raus. Dann noch Gummiband, Hemden- oder Blusenknöpfe, Sicherheits- und Stecknadeln, Fingerhut und Maßband. Mit der Zeit kommen viele andere Sachen dazu.

Knöpfe annähen: Das macht eigentlich niemand gern, Sie etwa? Ganz Schlaue haben deshalb am Kleiderschrank auf einem Nadelkissen immer mehrere Nähnadeln, in die Fäden

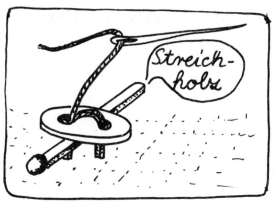

Knopf mit Stiel annähen

in den gängigsten Farben – weiß, schwarz, braun – schon
eingefädelt sind. Dann ist der Knopf wirklich rasch angenäht.

Passenden Faden doppelt nehmen und in Nadel einfädeln.
Am Ende einen Knoten machen. Von der linken Seite in die
Stelle, an der der Knopf angenäht werden soll, durch-
stechen. Den Knopf auf die Nadel nehmen, ins andere Loch
zurückstechen und auf der linken Stoffseite ausstechen.
Diese Prozedur ein paar Mal wiederholen, bis der Knopf fest-
sitzt. Zum Schluß die Nadel unter den Knopf auf der Vorderseite ausstechen und einige Male um die Fäden wickeln,
dann unsichtbar vernähen und abschneiden. Knöpfe an
dicken Sachen (Mänteln, Jacken etc.) werden mit »Stiel«
angenäht. Es wird ein Streichholz auf den Knopf gelegt und
mit übernäht. Zum Schluß Streichholz rausziehen und unter
dem Knopf den Stiel wickeln. Faden vernähen.

Säume: Sollen Hose oder Rock gekürzt werden, zunächst
den zukünftigen Saum umschlagen. Je nachdem, wie breit
der Saum wird, 3 bis 5 cm von der Saumkante entfernt den
überflüssigen Stoff abschneiden. Wer eine Nähmaschine hat,

79

zackelt die offene Kante ein. Dann wird der Saum innen noch mal ganz schmal umgeschlagen und dann »hohl« angenäht. Von rechts nach links arbeiten: Von hinten durch die umgeschlagene oder gezackelte Kante stechen. Direkt gegenüber dem Ausstich 2–3 Gewebefäden der Vorderseite erfassen, damit der Stich möglichst unsichtbar bleibt. Dann wieder in die Saumkante stechen usw.

Bei Jeans und sportlichen Sachen kann man die Säume auch »sichtbar« nähen, d.h.: mit der Maschine ansteppen.

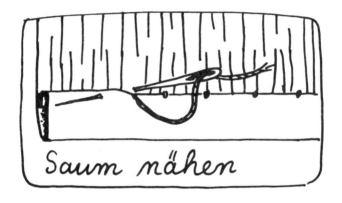

Saum nähen

Gummibänder einziehen: Ein entsprechend langes Gummiband abschneiden. In ein Ende eine Sicherheitsnadel stecken. Mit der Sicherheitsnadel nun das Gummiband in den Saum einführen. Damit das andere Ende nicht in den Saum rutscht, wird es mit einer Nadel am Stoff befestigt. Die Sicherheitsnadel mit dem Gummi aus dem Saum ausführen, die beiden Enden aufeinanderlegen und mit feinen Stichen zusammennähen. (Nur Barbaren machen einen dicken Knoten.)

Reparaturen, die schwieriger sind, gibt man in die Änderungsschneiderei.

Lederpflege

Die Haltbarkeit und Schönheit von Leder – einem Naturprodukt – hängt von der sachgerechten Pflege ab. Sie sollten Ledersachen nie verschmutzt aufbewahren, sonst werden sie hart und brüchig. Hängen Sie sie nie in feuchtem Zustand weg. Und lassen Sie Ledersachen nie am Heizkörper oder in der Sonne trocknen.

Lederschuhe: Vor dem ersten Gebrauch eincremen oder sprühen. Den Schmutz mit einer groben Bürste abputzen. Robuste Schuhe vertragen es auch, mit Wasser abgewaschen zu werden. Gleich trockenreiben und dann mit Zeitungspapier ausstopfen.
Anschließend dünn eincremen, einziehen lassen und mit weicher Bürste blank polieren.

Wildlederschuhe: Vor dem ersten Tragen und nach jeder Reinigung mit Spezialwildlederspray einsprühen. Schmutz mit feiner Metallbürste, Spezialgummi oder feinem Sandpapier entfernen.

Lackschuhe: Mit Lackpflegemittel eincremen und mit weichem Wolltuch polieren.

Koffer und Taschen: Abstauben, dünn mit farbloser Creme einreiben, nachpolieren. Machen Sie Taschen und Koffer nicht naß, Verleimungen könnten sich lösen und die Stücke würden sich verziehen.

Lederbekleidung: Glattleder feucht – fast trocken – abwischen, dann mit Spezialcreme nachbehandeln. Wildleder mit Reinigungsgummi und Spezialspray behandeln. Zur gründlichen Reinigung geben Sie Ihre Lederkleidung am besten in die chemische Lederspezialreinigung.

8

Kleine Reparaturen selbst gemacht

Viele Reparaturen im Haushalt können Sie selbst machen. Wenn man weiß, wie's geht und man die richtigen Werkzeuge hat, ist's halb so schwer.

Der Werkzeugkasten: Die Teile für die Grundausstattung eines Werkzeugkastens besser einzeln als im Set kaufen. Man hat dann nur das, was man wirklich auch braucht und in besserer Qualität.

Wichtig sind: Hammer (ca. 300 g), Beißzange mittelgroß, Flachzange klein, Wasserrohrzange mittelgroß, kleine Allzwecksäge, Holzbohrer, 3 Schraubenzieher (verschiedene Größen), Phasenprüfer für Elektroleitungen, Maßband, Nägel, Schrauben, X-Haken u.a.

Verstopfter Abfluß bei Waschbecken, Badewanne oder Dusche: Um den Abfluß frei zu bekommen, gibt es verschiedene Möglichkeiten. Vor Arbeitsbeginn soviel Wasser wie möglich aus dem Becken schöpfen.

Chemische Abflußreinigungsmittel sind effektiv, aber nicht sehr umweltfreundlich. Wie sie angewendet werden, steht auf der Packung.

Druckluftflaschen sind umweltfreundlicher. Man setzt sie auf den verstopften Abfluß und pustet kräftig durch. Vorher das Überlaufloch im Becken zukleben, sonst spritzt einem der ganze Dreck ins Gesicht.

Mit einer **Saugpumpe,** einer Gummiglocke mit Holzgriff, kann die Verstopfung auch herausgepumpt werden. Vorher ebenfalls das Überlaufloch verstopfen oder zukleben. Die

Saugpumpe mit der Gummiglocke nach unten auf die Abflußöffnung setzen und kräftig auf und ab bewegen. Wenn die Verstopfung beseitigt ist, fließt das Wasser ab. Jetzt kräftig nachspülen. Saugglocke nach der Aktion gut reinigen und trocken aufbewahren.

Siphon entfernen: Manchmal muß man die Verstopfung auch beseitigen, indem man den Siphon unter dem Becken abschraubt und entleert. Zunächst einen Eimer unter das Knie stellen. Mit einer Wasserrohrzange die Ringmuttern aufschrauben. Damit verchromte Teile nicht verkratzen, legen Sie einen Lappen um die Ringmutter. Den Siphon reinigen, eventuell mit einem Draht nachhelfen. Vorsicht beim Zusammensetzen der Teile: die Dichtungsringe müssen wieder gut sitzen.

Siphon säubern

Verstopfte Toiletten kann man mit einer drehbaren Drahtspirale reinigen. Man schiebt sie, während sie gedreht wird, durch den Siphon im Toilettenbecken und versucht so, die Verstopfung zu lösen. Ist die Verstopfung tiefer im Rohr, muß der Klempner kommen und sie entfernen.

Tropfender Wasserhahn: Einen tropfenden Wasserhahn kann man meist leicht selbst reparieren. Zunächst stellen Sie das Wasser entweder unter dem Waschbecken oder am Haupthahn ab. Dann den Wasserhahn ganz aufdrehen. Die Schutzkappe mit einem Lappen gegen das Verkratzen schützen und mit Hilfe einer Wasserrohrzange abschrauben. Je nach Modell zieht man nun die Spindel heraus, in der sich die Dichtung befindet. Diese wird meist von einer kleinen Mutter festgehalten, die man abschraubt. Die neue Dichtung – man bekommt sie im Fachhandel – wird so auf das Ventil aufgesetzt, daß die Schriftseite auf der Ventilplatte liegt. Die Mutter wieder anziehen und das Ventil wieder zusammenschrauben. Wasserzufuhr wieder öffnen und probieren, ob die Dichtung auch funktioniert.

Perlator: Wenn der Wasserhahn nach allen Seiten spritzt, ist der Perlator verkalkt oder voller Sand. Mit der Wasserrohrzange abschrauben, Tuch dazwischen legen, damit das Chrom nicht verkratzt. Die Siebteile über Nacht in Essig legen. Schrauben Sie die gereinigten Teile wieder sorgfältig zusammen. Dabei auch darauf achten, daß der Dichtungsring wieder genauso sitzt wie vorher.

Sicherungen: Wenn die Sicherung rausknallt, zunächst den Stecker des Gerätes, das den »Kurzen« verursacht hat, rausziehen. Dann entweder neue – passende – Sicherung einschrauben, oder bei einem Automaten den Knopf wieder reindrücken.

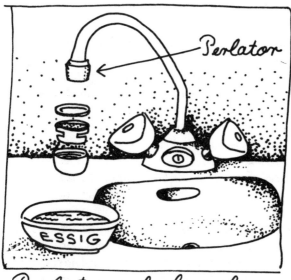

Perlator abschrauben und in Essig legen

Niemals Sicherungen mit Alufolie oder ähnlichem überbrücken!

Deckenlampen anbringen: Wenn man einige Vorsichtsmaßnahmen beachtet, kann man Deckenlampen leicht selber anbringen.

Zunächst die Sicherung herausdrehen! Falls nicht vorhanden, bringen Sie neben dem Austritt des Deckenkabels einen Deckenhaken an. Dann schieben Sie über das Lampenkabel ein 3-Loch-Plättchen und hängen es an den Haken. Stellen Sie mit dem Phasenprüfer fest, ob noch Strom im Deckenkabel ist. Wenn der Draht aufleuchtet, ist noch Strom auf dem Kabel, und die Sicherung muß rausgedreht werden. Verbinden Sie nun mit Hilfe einer Lüsterklemme die blauen Kabel miteinander, ebenso die schwarzbraunen. Die Schutzerde ist gelbgrün gekennzeichnet, gleichfarbige Kabel ebenfalls verbinden. Sollte an der Lampe kein Erdungskabel vorhanden sein, wird die Schutzerde, die aus der Decke kommt, mit einer weiteren Lüsterklemme abgesichert.

Zum Schluß Baldachin über die Lampenaufhängung schieben und befestigen. Bei manchen Lampen – speziell Deckenlampen – liegen in der Packung kleine Plastikschläuche. Die sollen über die schwarzbraunen und blauen Drähte als Hitzeschutz geschoben werden.

Tür quietscht: Je einen Tropfen Haushaltsöl in das Loch am Türband geben.

Tür klemmt: Wenn die Tür über dem Fußboden klemmt, hebt man sie aus den Angeln und legt Unterlegscheiben um die Angeln.

Fenster ist undicht: Bringen Sie ein selbstklebendes Schaumgummi- oder Plastikband im Falz des Fensters an. In den Ecken schneiden Sie das Band ein, dann paßt es besser in die Winkel.

9

Umwelt, und was wir für sie tun können

Wo ein Wille ist, ist auch ein Putzmittel

Wenn man der einschlägigen Werbung glaubt, muß man anbauen, um all die unerläßlichen chemischen Heinzelmännchen unterzubringen.

Zu Beginn meiner Hausfrauenkarriere habe ich sie mir alle zugelegt: den General, den Meister Propper, das Hui (ohne Pfui), Ata, Imi, Vim, Palmolive, Pril, und wie sie alle heißen, die Pulver, die Sprays, die festen, flüssigen und gasförmigen Mittelchen, die den Versprechungen zufolge den ganzen Haushalt alleine schmeißen.

Und dann standen sie teuer und faul in ihr verkaufsförderndes Design gehüllt im Putzschrank. Wenn ich sie irgendwo verwendete, zog weder blendender Glanz auf, noch verschwanden streifenfrei die Schokoladenhandabdrücke unseres Jüngsten von der Wand.

Als ich endlich kapierte, daß der Einsatz der Fernsehwichtel auch noch meinen eigenen körperlichen Einsatz erwartete, schmiß ich nach und nach die teuren Helfer raus und beschränke mich jetzt auf so einfache Dinge wie flüssige Schmierseife, Scheuerpulver, Spülmittel und einen Haushaltsreiniger. Die hat schon meine Oma gebraucht, obwohl sie Wörter wie Umwelt, Ozonloch, Waldsterben, Dünnsäureverklappung, Robbensterben noch nicht kannte.

Der Müll

Umweltbewußte sortieren ihren Müll:
Zeitungen, Papier und Flaschen wandern in Container.
Zeitungen kann man einfach bündeln, indem man in einen
Bananenkarton zwei Schnüre über Kreuz legt. Wenn der
Karton voll ist, braucht man nur noch die Schnüre zu ver-
knoten.
Batterien, Lacke, Farben, alte Medikamente beim
Sondermüll abgeben.
In der warmen Jahreszeit sollten Sie den Mülleimer täglich
leeren, damit sich keine schlechten Gerüche entwickeln und
Bakterien oder Ungeziefer es sich dort gemütlich machen.

Damit der Mülleimer nicht zu dreckig wird, kommt eine Plastiktüte, besser noch eine Lage Zeitungspapier rein. Trotzdem ab und zu mit einem Haushaltsreiniger auswaschen. Damit der Mülleimer nicht mieft, geben Sie ein paar Tropfen Desinfektionsmittel ins Wischwasser.

Wasser sparen

Pro Kopf verbraucht der Bundesbürger täglich ca. 140 l Trinkwasser. Davon werden aber höchstens 2 – 3 l tatsächlich zum Trinken oder Kochen verwendet. Der Rest wird für Wäsche, Dusche, Toilettenspülung usw. verbraucht. Das meiste Trinkwasser fließt durch die Toiletten.
Für die Wasserwerke wird es immer schwieriger, sauberes Trinkwasser zu gewinnen. Außerdem zahlt der Verbraucher nicht nur das Wasser, sondern auch in gleicher Höhe das Abwasser. Also ist es auch für den Geldbeutel sinnvoll, Wasser zu sparen.
Toilettenwasser können Sie sparen, indem Sie einen oder mehrere Ziegelsteine in den Spülkasten legen.
Das schont Umwelt und Geldbeutel: Haushaltsreiniger, Wasch- und Pflegemittel gelangen zu 100% ins Abwasser und belasten die Umwelt stark.

Lösung: **Verzicht auf viele Haushaltschemikalien** wie z.B. Weichspüler und Enthärter und Einsatz weniger umweltbelastender, z.B. **phosphatfreie Mittel.** Grundsätzlich kann man auch mit der halben Menge Waschmittel die Wäsche sauber kriegen. Das gleiche gilt für alle anderen Bereiche. Also gilt grundsätzlich: **Reduzierung der Haushaltschemikalien** auf das nötigste.
Statt Wegwerfbatterien **wiederaufladbare Batterien** verwenden. Das kostet zwar die Anschaffung eines Aufladegerätes, zahlt sich aber auf die Dauer aus.

Ein Stein im Spül-kasten hilft Wasser sparen

Kein gefärbtes Klopapier, am besten **Recycling-Papier** verwenden.

Nur **umweltfreundliche Sprays,** am besten Pumpflaschen, benutzen.

Anstelle von Normalpapier **Umweltpapier** verwenden.

Lieber **Pfandflaschen** an Stelle von Einwegflaschen kaufen.

Keine aufwendigen Verpackungen. Lieber gleich im Supermarkt lassen, damit die Hersteller über die Beseitigung der Verpackung nachdenken müssen.

Keine Dosengetränke kaufen. Die sind nicht nur umweltbelastend, sondern auch noch ungesund, weil winzige Metallrückstände in den Körper gelangen.

Licht ausschalten beim Verlassen des Raums.

Dimmer in Schalter einbauen.

Heizung auf **20° C Raumtemperatur einstellen.**

Kühlschrank regelmäßig abtauen. Das spart Energie.
Wäsche nur bei voller Trommel oder mit **Waschspar-programm** waschen.
Öffnung von **Spülmittelflaschen nicht abschneiden.**
Mit heißer Nadel Loch hineinstechen, dann kann nicht zuviel
Spülmittel raus.
Auto nur in Waschanlage waschen.

10

Papierkram

So wird man selbständig

Ein ordentlicher Mensch läßt sich in Akten führen. Er bekundet, daß er wohnt, mit wem er wohnt und wo er wohnt. Er gibt an, daß er eine Steuernummer haben will, oder besser gesagt haben muß. Er erklärt, daß er ein Auto besitzt, das umgemeldet werden muß. Ein ordentlicher Mensch versichert, daß er versichert werden möchte, krankenversichert, unfallversichert, lebensversichert, sozialversichert.

Bisher hatte mein Mann das immer gemacht. Bei unserem letzten Umzug hatte er gemeint, daß ich das auch könne und es mir außerdem zu größerer Selbständigkeit verhelfe. Ich hatte keine große Lust auf Selbständigkeit, in unserem Bekanntenkreis hatte das meist im Zusammenhang mit Selbstfindung zu Ehescheidungen geführt. Aber mein armer, gestreßter Mann bat so inständig, ich möge ihm doch auch mal was abnehmen – als ob Hemden bügeln nichts wäre –, daß ich mich halt ins zuständige Landratsamt begab. Es war das ehemalige Lustschloß eines Bischofs. Unvorbelastet hätte ich es gerne mal in seiner barocken Pracht besichtigt, aber jetzt zog es mich überhaupt nicht zu den Jüngern Parkinsons. Ich hasse es, Schlange zu stehen und an Theken zu warten, an denen nichts ausgeschenkt wird. Ich hasse es, Fragebögen auszufüllen und verschreibe mich garantiert immer dabei.

In der großen Halle war ein Wegweiser. Ich lief Treppen,

Gänge, ich stellte mich ans Ende von Schlangen, um vorne festzustellen, daß ich ganz falsch war.

»Ich würde uns gerne anmelden!« sagte ich zaghaft zu einem streng blickenden Herrn.

»Wann ist das Kind geboren, Name, Vorname, Geschlecht, Vater, Mutter? Haben Sie eine Urkunde von der Klinik?« Er schob ein Formular über den Tisch.

»Oh, meine Kinder sind schon groß.«

»Ja, was suchen Sie dann auf dem Standesamt?«

»Vielleicht das Einwohnermeldeamt«, stotterte ich verlegen, »und dann noch die Kfz-Stelle und ...«

Der Beamte überquasselte mich mit Treppen, Richtungen, Stockwerken, in die ich gehen sollte. Erschöpft und den Tränen nahe ließ ich mich auf eine Wartebank fallen. Da saßen schon ein paar andere Leute, Ausländer. Freundlich fragte eine Frau: »Du auch Ausländer? Du traurig? Du keine Aufenthaltsgenehmigung oder Arbeitserlaubnis?«

»Nein, ich weiß nicht, was ich machen soll, ich will uns nur anmelden, wir sind neu hergezogen.«

Da lachte die Türkin. »Du nicht mehr weinen, ich dir helfen!« Sie nahm mich bei der Hand und führte mich zu allen Stellen, zu denen ich mußte. Dabei schüttelte sie immer wieder lachend den Kopf. »Ich nicht verstehen, daß deutsche Frau nicht wissen, was soll machen.«

Jetzt weiß ich es.

Die ersten Schritte

Sobald Bücher und Klamotten in der ersten eigenen Wohnung ausgepackt sind, wird's ernst. Es müssen einige Dinge erledigt werden, die man gerne vor sich herschiebt und die bisher von Mama oder Papa übernommen wurden.

Einwohnermeldeamt: Wer seine Wohnung wechselt, muß das dem Einwohnermeldeamt seiner Stadt oder Gemeinde mitteilen.

Wer im gleichen Ort wohnen bleibt, wo er bisher mit seinen Eltern lebte, muß lediglich mitteilen, daß er eine neue Adresse hat.

Wer in eine andere Gemeinde zieht, muß sich bei seinem bisherigen Einwohnermeldeamt abmelden. Er bekommt einen Abmeldeschein. Mit diesem Schein meldet er sich dann bei der neuen Gemeinde an. Dazu muß der Paß und der Personalausweis mitgebracht werden, denn auch hier muß der Wohnungswechsel eingetragen werden.

Kfz ummelden: Innerhalb einer Woche nach der Anmeldung beim Einwohnermeldeamt muß das Kfz oder Motorrad umgemeldet werden. Dazu geht man zur Kfz-Zulassungsstelle im zuständigen Landratsamt (Auskunft erteilt die Gemeinde). Dort legt man folgendes vor:
Paß mit neuem Wohnsitzeintrag oder die Anmeldebestätigung der Gemeinde,
Kfz-Brief,
Kfz-Schein,
ASU-Bescheinigung,
Versicherungsdoppelkarte (die muß bei der Kfz-Versicherungsagentur angefordert werden),
abmontierte Autokennzeichen.

Tip: *Wer ein besonderes Kennzeichen haben möchte, ruft vorher bei der Zulassungsstelle an und fragt, ob man ihm eine bestimmte Nummer reservieren kann.*

Post nachsenden: Wer einen Nachsendeantrag stellt, bekommt ein halbes Jahr lang seine Post nachgeschickt. Diesen Antrag stellt man beim ehemals zuständigen Postamt.
Telefon: Ein Telefonanschluß wird bei der Anmeldestelle des zuständigen Fernmeldeamtes beantragt.
Rundfunk und Fernsehen: Wer eine eigene Wohnung hat, muß für sein TV- und Rundfunkprogramm Gebühren bezahlen. Anmeldeformulare gibt's bei Post und Banken. Wer sich nicht anmeldet, muß mit Strafen rechnen.

Rund ums Wohnen

Der Mietvertrag: Wer volljährig ist, kann einen Mietvertrag abschließen. Der Mieter verpflichtet sich mit seiner Unterschrift unter dem Vertrag, pünktlich die Miete zu zahlen und sich an die Hausordnung zu halten. Der Vermieter bietet dafür den Wohnraum.

Bevor Sie den Mietvertrag unterschreiben, sollten Sie sich etwaige **Mängel** aufschreiben und vom Vermieter bestätigen lassen. Das ist besonders in Altbauten wichtig. Sonst läuft man Gefahr, beim Auszug für diese Schäden eventuell aufkommen zu müssen.

Lesen Sie den **Zählerstand** für Strom und Gas ab, notieren Sie ihn und lassen Sie ihn bestätigen, damit Sie nicht für Ihren Vormieter bezahlen müssen.

Mieterhöhungen müssen drei Monate vor der Fälligkeit angekündigt werden. Die Miete kann erhöht werden, wenn sie seit einem Jahr nicht mehr erhöht wurde und vergleichbare Wohnungen in der Umgebung nicht weniger kosten. Dem Mieter kann nicht gekündigt werden, um eine höhere Miete zu erlangen.

Soll die **Mietdauer** länger als ein Jahr betragen, muß unbedingt ein schriftlicher Mietvertrag abgefaßt werden. Wird diese Vorschrift nicht beachtet, entfällt die vereinbarte Mietdauer, der Vertrag gilt dann für unbestimmte Zeitdauer. Die Kündigung des Vertrages ist dann frühestens auf den Schluß des ersten Mietjahres zulässig.

Tip: *Wer Schwierigkeiten mit dem Vermieter vermeiden will, schließt eine Mieterhöhung durch besondere Vereinbarung im Mietvertrag aus.*

Kündigung: Der Vermieter braucht für eine Kündigung triftige Gründe. So muß der Mieter z.B. den Vertrag verletzt haben (Miete nicht bezahlt, Hausordnung gravierend übertreten usw.). Der Vermieter kann Eigenbedarf geltend machen, oder eine Altbausanierung kann Grund für eine Kündigung sein. Achtung: Besteht ein Zeitmietvertrag, hat der Mieter keinen Kündigungsschutz, er muß die Wohnung nach Ablauf der Mietzeit in jedem Fall verlassen.

Tip: *Wenn einem gekündigt wird oder die Miete erhöht wer-den soll, sollte man sich an den örtlichen Mieterverein wen-den. Dort wird man fachmännisch beraten.*

Wohngemeinschaft: Wenn mehrere Personen, die nicht miteinander verwandt sind, eine Wohnung bewohnen, nennt man das eine Wohngemeinschaft. Um Streit mit dem Haus-wirt zu vermeiden, sollten die WG-ler untereinander die Rechtsverhältnisse klären.
Es gibt da drei Möglichkeiten:
1. Es unterschreibt nur ein Mitglied der WG den Mietvertrag, dann ist es der Hauptmieter und trägt die Verantwortung für die Mietzahlungen und die Einhaltung des Mietvertrages. Die anderen Mietglieder der Gemeinschaft sind dann Unter-mieter.
2. Es unterschreiben nur einige den Mietvertrag oder
3. Alle unterschreiben den Vertrag und zahlen somit jeder für sich direkt an den Vermieter.
Da die Mitglieder einer WG häufig wechseln, sollte beim Ver-tragsabschluß eine sogenannte Nachfolge- bzw. Options-klausel mit dem Vermieter abgesprochen werden, damit es beim Auszug eines WG-lers möglich ist, ein Nachfolgemit-glied aufzunehmen.

Versicherungen

Solange man bei seinen Eltern lebt, ist man in der Regel bei ihnen mitversichert. Im eigenen Haushalt muß man jedoch eigene Versicherungen abschließen.

Die Pflichtversicherungen:
Krankenversicherung: Als Schüler und Student ist man weiterhin bei seinen Eltern mitversichert. Als Auszubilden-der oder Berufsanfänger ist man Mitglied der gesetzlichen

Krankenversicherung. Und zwar bei der AOK, bei einer Ersatzkasse oder einer Innungs- oder Betriebskasse.

Rentenversicherung: Der Beitrag für die gesetzliche Rentenversicherung und die Arbeitslosenversicherung wird vom Lohn abgezogen. Den gleichen Betrag bezahlt der Arbeitgeber dazu.

Unfallversicherung: Die Unfallversicherung für Unfälle im Betrieb oder auf dem Weg von und zur Arbeit bezahlt allein der Arbeitgeber.

Kfz-Haftpflichtversicherung: Jeder, der ein Mofa, Motorrad oder Auto besitzt und damit auf öffentlichen Straßen fährt, muß eine gesetzliche Haftpflichtversicherung abschließen.

Die freiwilligen Versicherungen:

Private Haftpflichtversicherung: Wenn Sie außerhalb von Beruf, Schule oder Hochschule jemand anderen schädigen, müssen Sie die Folgen, schlimmstenfalls ein Leben lang, selber tragen. Daher brauchen alle, die nicht mehr bei ihren Eltern mitversichert sind, eine Private Haftpflichtversicherung.

Hausratversicherung: Für die eigene Wohnung sollten Sie eine Hausratversicherung abschließen. Sie hilft bei Diebstahl, Feuerschaden, Wasserrohrbruch oder Sturmschäden. Über die Höhe der Versicherung berät der Versicherungsfachmann.

Tip: *Legen Sie sich einen Ordner an, in dem Sie alle Unterlagen sammeln, die mit Versicherungen, Verträgen usw. zu tun haben.*

Lebensversicherung: Wer jung ist, denkt nicht an Altersversorgung. Je früher man aber eine Lebensversicherung abschließt, um so günstiger ist sie. Lassen Sie sich von einem oder mehreren Versicherungsvertretern beraten.

Unfallversicherung: Die gesetzliche Unfallversicherung gilt nur für den Bereich, auf den sie bezogen ist: Schule, Hochschule, Arbeitsplatz. Die meisten Unfälle ereignen sich jedoch in der Freizeit. Daher ist der Abschluß einer privaten Unfallversicherung nicht dumm.

Reisegepäckversicherung: Eine Reisegepäckversicherung ist nicht teuer und bewahrt Sie vor Schäden. Lesen Sie aber die Bedingungen vor Reiseantritt durch. Lassen Sie das Doppel des Versicherungsscheines zu Hause.

Tip: *Wer Versicherungen abschließen will, tut gut daran, Preise zu vergleichen und Kunden zu befragen, wie sich deren Versicherungen im Ernstfall verhalten haben.*
Es ist praktisch, alle Versicherungen bei einer Agentur abzuschließen und in allen Versicherungsfällen den persönlichen Kontakt mit dem Versicherungsvertreter zu suchen.

Rund ums Geld

Wer eine eigene Wohnung hat, Geld verdient oder einen monatlichen Scheck für sein Studium bekommt, sollte ein Bankkonto eröffnen. Wählen Sie dafür eine Bank, Sparkasse oder die Post, die in der Nähe der Wohnung oder der Arbeitsstätte liegt. Die Bedingungen der einzelnen Institute unterscheiden sich nicht wesentlich. Aber es schadet nicht, vor Eröffnung des Kontos sich mal nach Zinsen und sonstigen Leistungen der verschiedenen Institute zu erkundigen. Man berät Sie da auch über Bausparen, Prämiensparen, wie Sie zu einem günstigen Kredit kommen usw.

Tip: *Für Lehrlinge und Studenten gibt es ermäßigte bzw. gar keine Kontoführungsgebühren. Fragen Sie nach diesen Vergünstigungen.*

Das Girokonto: Mit seinen vielen Funktionen stellt das Girokonto die Grundlage des bargeldlosen Zahlungsverkehrs dar. Löhne und Gehälter werden heute kaum noch bar ausbezahlt, sondern auf das Konto des Betreffenden überwiesen. Durch den Kontoauszug, den man je nach Vereinbarung wöchentlich, monatlich oder nach jeder Kontoveränderung erhält, wird man über den aktuellen Kontostand informiert. Die Kontoauszüge unbedingt sorgfältig in einem Ordner, den man bei der Bank bekommt, aufbewahren. Desgleichen kann man regelmäßige Zahlungen, Rechnungen usw. bargeldlos über das Girokonto erledigen. Außerdem kann man mit der Euroscheck-Karte am Bankautomaten rund um die Uhr abheben.

Tip: *Kontoauszüge immer gleich nach Erhalt überprüfen! Auch ein Bankangestellter oder sein Computer können mal irren. Wenn Sie noch wenig Erfahrung im Umgang mit Banken haben, lassen Sie sich bei Ihrem Institut beraten. Die meisten Banken haben Merkhefte für »Anfänger«. Da finden Sie alles Wissenswerte in bezug auf Schecks, Überweisungen, Sparen usw.*

Wenn Vater Staat kassiert

Die Lohnsteuerkarte: Wer seine erste feste Arbeitsstelle antritt, braucht eine Lohnsteuerkarte. In der Regel besorgt sie der Arbeitgeber. Wenn Sie tageweise jobben, brauchen Sie auch eine Lohnsteuerkarte. Besorgen Sie sie bei der Lohnsteuerstelle Ihrer Gemeinde. Bei den jeweiligen Arbeitgebern muß diese Karte vorgelegt und die Arbeitszeiten und Verdienste eingetragen werden.

Tip: *Nicht den Lohnsteuerjahresausgleich vergessen! Wer das nicht selber machen kann, läßt sich von einem Lohnsteuerhilfeverein beraten.*

Die Kfz-Steuer: Wer ein Kfz zuläßt, bekommt automatisch die Steuerrechnung für das Fahrzeug vom Finanzamt zugestellt.

Hundesteuer: Beim Wohnungswechsel nicht vergessen, den vierbeinigen Freund anzumelden und zu versteuern. Katzenfreunde zahlen keine Steuer.

Übrigens: Alle Wirbeltiere, die als Haustiere gehalten werden, muß man anmelden.

Die Post

Die Postgebühren: Damit Sie Ihre Briefe nicht falsch frankieren, besorgen Sie sich am besten ein Postgebührenheft bei der Post. Sie ersparen sich dadurch unnütze Wege und langes Anstehen an den Schaltern.

Die Post als Bank: Wußten Sie, daß die Post, außer Briefe und Päckchen zu befördern, auch noch fast alle Funktionen einer Sparkasse oder Bank erfüllt? Vielleicht eröffnen Sie Ihr Konto bei der Post, weil sie für Sie praktischer liegt oder die

Öffnungszeiten Ihnen mehr zusagen. Erkundigen Sie sich bei der Post nach ihren Bedingungen.

Tip: *Wer für längere oder kürzere Zeit verreist, kann sich die Post nachsenden lassen. Dafür füllt man einen Nachsendeauftrag aus und alles klappt wie zu Hause.*

Übrigens kann man sich auch die Tageszeitung nachschicken lassen. Bei der Abonnentenabteilung anrufen, den Nachsendewunsch durchgeben, und schon klappt's.

Wie sucht man eine neue Arbeitsstelle?

Es gibt drei verschiedene Möglichkeiten, eine neue Arbeitsstelle zu finden. Man sollte alle drei gleichzeitig verfolgen!
Stellenanzeigen: In Fachzeitschriften, regionalen Tageszeitungen, Zeitungen der Nachbarorte und überregionalen Zeitungen stehen regelmäßig Stellenanzeigen. Diese gründlich studieren und sich möglichst gleichzeitig bei mehreren Firmen bewerben. Die Antwort auf solch ein Inserat so schnell wie möglich schreiben. Viele Firmen haben Stichtage, danach geht nichts mehr. Außerdem hat man größere Chancen, zu einem Gespräch eingeladen zu werden, wenn man zu den ersten Bewerbern gehört. Gleichzeitig kann man selber inserieren. Das kostet zwar etwas, hat aber den Vorteil, daß man gleich erfährt, wie groß das Angebot in der gewünschten Branche ist. Der Text der Anzeige muß Schulbildung, Fähigkeiten, Erfahrungen usw. möglichst genau wiedergeben.
Arbeitsamt: Das Arbeitsamt berät und vermittelt kostenlos Arbeitsstellen. Dort sollte man sich in jedem Fall beraten lassen.
Firmen direkt ansprechen: Wer eine Vorstellung hat, in welcher Firma er gerne arbeiten möchte, kann ruhig mal

anrufen. In der Personalabteilung gibt man gerne Auskunft, ob Stellen frei sind oder in absehbarer Zeit zur Verfügung stehen.

Tip: *Wer in einer ungekündigten Stellung ist, sollte nicht überall herumposaunen, daß er sich was anderes sucht. Es könnte ja sein, daß er doch in der alten Firma bleibt, und dort haben Leute, die gehen wollten, oft einen schwierigen Stand.*

Die Bewerbung

Zur Bewerbung gehört ein Bewerbungsschreiben, ein ausführlicher oder tabellarischer Lebenslauf, Zeugniskopien und ein gutes Paßfoto neueren Datums. Kein Automatenfoto oder Foto von Tante Annas 60. Geburtstag, auf dem man besonders vorteilhaft getroffen ist.

Das Bewerbungsschreiben: Es wird am besten mit der Schreibmaschine fehlerfrei auf sauberem Papier verfaßt. Es muß folgende Punkte enthalten:

Am oberen Kopf des Blattes: Name, Adresse, Telefon (falls vorhanden), darunter auf der rechten Seite das Datum, links oben die komplette Anschrift der Firma, bei der man sich bewirbt, möglichst dazu den Namen des zuständigen Sachbearbeiters, dann die Anrede, entweder »Sehr geehrter Herr Soundso« oder »Sehr geehrte Frau Soundso« oder allgemein »Sehr geehrte Damen und Herren«, den Grund des Schreibens angeben, z.B. daß man sich auf eine bestimmte Anzeige bewirbt, angeben, was man zur Zeit macht (studiert, arbeitet usw.), begründen, warum man in der entsprechenden Firma arbeiten möchte, aufzählen, welche Qualifikationen man für den Beruf aufzuweisen hat, darauf hinweisen, welche Zeugnisse und Unterlagen beigefügt sind. »Mit freundlichen Grüßen« den Brief beenden und von Hand mit vollem Namen unterschreiben.

Links unter die Unterschrift das Wort »Anlagen« setzen und aufzählen, welche Anlagen (z.B. Fotokopien, Zeugnisse usw.) beigefügt sind.

Der Lebenslauf: Manchmal wird ein handgeschriebener Lebenslauf, manchmal ein tabellarischer Lebenslauf verlangt. In beiden Fällen werden auf den oberen Rand des Briefbogens sauber und leserlich, am besten mit der Schreibmaschine, Name und Adresse geschrieben.

Der handgeschriebene Lebenslauf wird in Satzform geschrieben. Beispiel: »Am 7. August 1965 wurde ich in Neustadt als Sohn des Kaufmanns Hans Müller und seiner Frau Grete, geborene Meier, geboren. Seit September 1973 besuchte ich in Altstadt die Volksschule usw. ... Danach folgt die Beschreibung spezieller Kenntnisse und Fähigkeiten, Fortbildungskurse, Abendschulen, Ferienjobs usw.

Besondere Interessen und Hobbys können auch kurz aufgeführt werden. Beendet wird der Lebenslauf mit der Unterschrift und dem Datum.

Der tabellarische Lebenslauf wird mit der Maschine geschrieben. Er sollte so aussehen:

Name: Hannes Müller
Geboren: 7. August 1965
Geburtsort: Neustadt
Eltern: Hans Müller, Kaufmann
Grete Müller, geb. Meier, Hausfrau
Schulbildung: Grundschule seit ...
Gymnasium seit ...
Abitur 19..
Hochschulstudium: Fach ...
Abschluß: ...
Arbeitsstellen: ...
Besondere Fähigkeiten: ...
Hobbies: ...

Tip: *Das Bewerbungsschreiben darf auf keinen Fall Tippfehler – auch nicht übermalte – enthalten.*

104

Das Vorstellungsgespräch

Wer zum Vorstellungsgespräch eingeladen wird, hat schon eine Hürde genommen. Jetzt kommt es darauf an, einen guten Eindruck zu machen. Eine gepflegte **äußere Erscheinung** ist wichtig. Die Kleidung sollte dem neuen Job angepaßt sein.

Tests haben ergeben, daß besonders gut ankommt, wer nicht zu brav und nicht zu elegant auftritt.

Die **Haltung** sollte freundlich, offen und abwartend sein. Ruhig und gelassen erscheinen, dem Gesprächspartner in die Augen sehen, nicht angeben und nicht übertreiben, aber auch nicht verschüchtert über wichtige Fähigkeiten schweigen.

Pünktliches Erscheinen ist wichtig. Vorher überlegen, wie lange man im schlechtesten Fall braucht, um die Firma zu erreichen. Einkalkulieren, daß man auch noch innerhalb der Firma, wenn sie sehr groß ist, weite Wege zurücklegen muß, um seinen Gesprächspartner zu finden. Also, lieber etwas zu früh als zu spät kommen. Man sollte sich vorher gründlich über die Firma informieren. Dann überlegt man sich, welche Fragen einem gestellt werden könnten und wie man sie möglichst flüssig beantworten kann.

11

Wenn einer eine Reise tut

Mit Sack und Pack

Wer hat nur diese dämlichen Schalenkoffer erfunden? Früher waren Koffer eine feine Sache, sie dehnten sich, streckten sich und schienen ein schier unendliches Fassungsvermögen zu haben, sogar die Urlaubsmitbringsel paßten zum Schluß noch hinein. Wollte das Schloß mal ausnahmsweise nicht schnappen, setzte man sich einfach auf den Koffer, zur Not noch Oma und die Kinder dazu, und schon ging dieser Container trotz zuviel eingepackter Sachen zu. Aber heute! Nicht mal ein Seidenschal paßt mehr rein, wenn der Schalen-Koffer nicht will. Er sträubt sich, schnappt nicht ein, man kann sich draufstellen, einen Bulldozer drüberfahren lassen, das Schloß bequemt sich erst zu schließen, wenn ein 10 Gramm schweres, 2 Millimeter dickes Söckchen rausgezogen ist. Und ich frag' mich, was mach ich dann mit nur einem Söckchen im Urlaub? Drum wundert es auch gar nicht, daß die Leute heutzutage immer soviel Handgepäck rumschleppen. Eine Schultertasche, einen Schmink-Koffer und einen Stoffsack für die allerletzten Kleinigkeiten. Logisch, daß alle jammern, das Fliegen sei so unbequem, wenn man tausend Täschchen und Beutelchen unter, zwischen und über den Knien verstauen muß.

Also, ich werd' die alten Lederkoffer wieder bei der nächsten Flugreise mitnehmen. Und damit sie nicht aufplatzen, wenn sie so rumgeschmissen werden, kommen Gurtbänder drum

rum. Die passen sich auch an, wenn der Koffer »zugenommen« hat. Und wenn mein Mann sagt, die Lederkoffer leiden im Flugzeug, dann find' ich es immer noch besser, sie haben etwas Patina, als daß sie auf dem Speicher schimmeln. Und außerdem gibt es ja Lederpflegemittel.

Koffer packen

Eines schönen Tages ist es soweit, man kann die Klamotten nicht mehr einfach in den Rucksack stopfen, sondern man muß **Blusen, Hemden und Hosen** so in den Koffer legen, daß sie nicht verknautscht am Ziel ankommen.

Schwere Sachen und unempfindliche Kleidungsstücke kommen unten in den Koffer.

Schuhe in Plastiktüten packen, am Rand des Koffers verstauen.

Den Raum dazwischen mit Waschbeutel, Fön, Socken und Unterwäsche so ausfüllen, daß eine möglichst glatte Fläche entsteht. Darauf werden die Hosen gelegt. Darauf achten, daß die Bügelfalten glatt liegen. Auf die Hosen die Röcke und Jacken legen. Zuoberst kommen die Oberhemden und/oder Blusen.

Tip: *Kofferschlüssel an eine Sicherheitsnadel hängen. Während der Reise die Sicherheitsnadel im Handgepäck befestigen. Wenn der Koffer auf dem Speicher ist, die Schlüssel innen im Koffer anstecken.*

Hemden zusammenlegen: Damit die frisch gebügelten Hemden und Blusen glatt am Reiseziel ankommen, muß man sie sorgfältig zusammenlegen. Knöpfe am Kragen, in der Mitte und unten schließen. Das Hemd mit der Knopfleiste nach unten flach auf den Tisch legen. Alles glattstreichen. Ein Drittel des Hemdes der Länge nach nach hinten schlagen. Das andere äußere Hemdendrittel ebenfalls. Dabei die Ärmel oben schräg abknicken und glatt auf das schmale Hemdenteil legen. Den Saum über die Manschetten falten. Das restliche Hemd hälftig nach oben schlagen. Falten glattstreichen.

Blusen werden genauso zusammengelegt.

Sakkos zusammenlegen: Sakko zuknöpfen. Mit dem Rücken auf den Koffer legen. Die Ärmel locker über der Brust verkreuzen. Das untere Sakkoteil nach oben über die Ärmel schlagen.

Tip: *Sollte das Sakko leicht verknittern, kann man Seidenpapier in die Knickstellen legen, das verhindert Falten.*

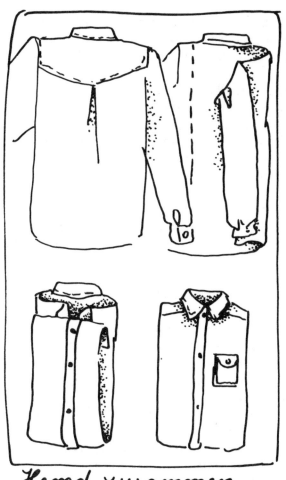

Hemd zusammen-legen

Hosen: Verschlüsse schließen. Hose mit der Seitennaht flach auf den Tisch legen. Alle Längsnähte übereinander legen. Bügelfalten glattstreichen. Hose auf die Hälfte zusam-

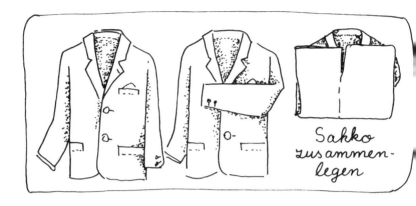

Sakko zusammen-legen

menlegen. Bei druckempfindlichem Stoff Seidenpapier in den Knick legen.

Urlaubs-Checkliste

4 Wochen vor dem Urlaub:
Auto in die Inspektion.
Kontrollieren, ob Paß oder Personalausweis noch gültig sind.
Eventuell Visa beantragen.
Erkundigen, ob Impfungen nötig sind.
Eventuell Zahnarztbesuch.
1 Woche vorher:
Reiseunterlagen zusammenstellen.
Kartenmaterial besorgen.
Reiseführer lesen, Reiseroute festlegen.
Reisegepäckversicherung abschließen.
Devisen bestellen.
Reiseschecks bestellen.
Kopien von Reisedokumenten machen, zu Hause deponieren.
Fahrzeug checken lassen.

Post und Zeitung ab- oder nachbestellen, damit ein überquellender Briefkasten nicht verrät, daß man verreist ist.

Beim Packen nicht vergessen:

Reiseunterlagen, Paß usw.

Geld, Reiseschecks usw.

Fotokopien von Paß oder Personalausweis, Autopapieren.

Impfpaß, Reisekrankenschein.

Gepäckversicherungsschein, Auslandschutzbrief.

Kartenmaterial.

Regenzeug, Schirm.

Sonnenbrille, Sonnenhut.

Reiseapotheke: Pflaster, Mullbinden, Desinfektionsmittel, Heilsalbe, Kohletabletten, Schmerztabletten, Sonnenbrandsalbe, Mückenspray.

Waschzeug: Zahnpasta, Schampoo, Creme, Sonnencreme usw.

Nähzeug, Schuhputzzeug.

Taschenlampe, Wecker, Taschenmesser, Feuerzeug, Streichhölzer, Klebstoff, Tesafilm.

Waschmitteltube, Fleckenwasser, Reisebügeleisen.

Haarfön, Adapter für Steckdose.

Schreibzeug, Reiselektüre, Rätselheft.

Badesachen, Flossen, Schnorchel, Bademantel, Badetuch.

Fotosachen, Filme, Sonnenblende, Filter.

Sportausrüstung je nach Sportart.

Vor dem Verlassen der Wohnung:

Stecker und Antenne vom Fernseher ziehen.

Herd, Waschmaschine, Geschirrspüler usw. abschalten.

Kühlschrank kontrollieren, ob verderbliche Sachen drin sind.

Blumen zusammenstellen, damit die Nachbarin sie einfacher gießen kann.

Mülleimer leeren.

Schlüssel der Nachbarin geben.

12
Blumen

Wer eine eigene Bude hat, bringt über kurz oder lang auch mal einen Blumenstrauß, eine günstige Dattelpalme oder ein paar Geranien mit nach Hause. Hier ein paar Tips für Blumenfreunde:

Schnittblumen

Sie bleiben länger frisch, wenn sie am Stiel schräg angeschnitten werden, bevor man sie in die Vase stellt. Hausmittel für längeres Blumenleben sind ein Teelöffel Zucker, ein Aspirin oder ein Kupferpfennig im Blumenwasser.

Rosen, die ihre Köpfe hängen lassen, legt man in kaltes Wasser (Badewanne) oder wickelt sie in nasses Zeitungspapier ein.

Topfpflanzen

Sie haben ganz unterschiedliche Ansprüche an die Pflege. Daher fragen Sie beim Kauf am besten gleich nach der Pflegeanleitung. Grundsätzlich Topfpflanzen nie austrocknen oder absaufen lassen. Einen Standort hinter der Fensterscheibe, auf die die pralle Mittagssonne scheint, mögen Topfpflanzen nicht, nicht einmal Kakteen. Während der Wachstumsperiode (Frühjahr–Sommer) sollten Sie etwa alle

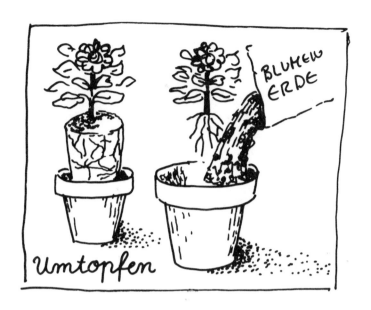

Umtopfen

8 Tage nach Vorschrift düngen. Kaffeesatz, in die Erde ein-
gearbeitet, eignet sich hervorragend als Dünger. In der
Ruhephase die Pflanze mäßig feucht halten und nicht
düngen.

Alle 1–2 Jahre im Frühling vor dem Austreiben wollen Topfpflanzen umgetopft werden. Den neuen Topf nur eine Nummer größer wählen. Alte Erde vom Wurzelballen weitgehend
entfernen. Tonscherben über das Abflußloch im Topf legen,
etwas Blumenerde einfüllen, die Pflanze darauf geben, mit
Erde ringsum auffüllen und andrücken. Gießrand lassen.
Dann die Pflanze angießen. Die ersten 14 Tage nach dem
Umtopfen nicht düngen.

Vermeiden Sie Plastiktöpfe für Ihre Blumen. In Tontöpfen
hält sich die Erde länger feucht. Damit die Töpfe nicht austrocknen, wenn die Sonne darauf scheint, stellt man sie am
besten in einen Übertopf. Vermeiden Sie aber »nasse Füße«,
die wenigsten Pflanzen mögen im Wasser stehen.

113

Balkonpflanzen

Schön ist es, wenn Balkonkästen das ganze Jahr bepflanzt sind.

Im Frühjahr: Primeln, Stiefmütterchen, Krokus (im Herbst die Zwiebeln in die Erde stecken), Vergißmeinnicht.

Im Sommer (nach den Eisheiligen, ca. 15. Mai): Fuchsien, Margueriten, Lobelien, Geranien, Petunien usw. Diese Balkonpflanzen brauchen regelmäßig (ca. alle vier Wochen) Dünger.

Im Herbst und Winter: Erika, Kiefern- und Fichtenzweige.

Pflanzenschädlinge

Gegen Blattläuse, Schildläuse und andere unliebsame Schädlinge an den grünen Freunden gibt es viele Mittel und Oma-Rezepte. Hier ein paar **Geheimtips:** Man muß sie mal ausprobieren, vielleicht hilft's:

Schwefelpulver über die befallenen Pflanzen streuen.

Eine **Zigarette** in einem Eimer Wasser auflösen, die Pflanze kopfüber eine Zeitlang eintauchen.

Schmierseifenwasser über die Pflanzen sprühen.

Wenn Sie nicht sicher sind, was für eine Krankheit Ihre Pflanze hat und was Sie dagegen unternehmen sollen, dann pflücken Sie ein krankes Blatt ab und zeigen es in einer Gärtnerei. Dort wird man Ihnen gute Tips geben.

13
Wenn man krank wird ...

Kranksein

Manchmal wünschte ich mir als Mutter von drei plagenden Gören die Windpocken, Masern, Mumps oder wenigstens einen akuten Blinddarm, »und dann nach mir die Sintflut...« Sollen sie doch mal sehen, wie das ist, wenn die Mama, das nützliche Nichts, darniederliegt. Sollen sie sich doch auch mal Sorgen machen, ob sie die Augen wieder auftut oder einen leisen Seufzer, den letzten, ausstößt. Sorgen sollen sie sich ruhig mal machen. Sorgen, wie sie für Mütter selbstverständlich sind: nachts am Bett, wenn das Kind bei 40 Grad Fieber vom letzten Horrorfilm fantasiert, wenn man ein zahnendes Kleinkind ruhig halten muß, weil der Ernährer der Familie seinen Schlaf braucht. Aber wehe, wenn ich mir mal den Luxus eines Mittagnickerchens erlaube oder stöhne, daß das Kreuz so weh tut. Dann heißt es: »Hausfrau müßte man sein, am hellichten Tag auf der Couch rumliegen.« Oder ganz charmant: »Wenn ich wiedergeboren werde, werde ich meine Frau!«
Es ist nämlich nicht so, daß die moderne Hausfrau mit Hilfe ihrer elektronisch gesteuerten Assistenten keine Arbeit mehr hat. Schließlich verlangen diese Assistenten Zuwendung in Form von Ölkännchen, Filterwechsel, neuen Sicherungen. Man muß sich auskennen in der Wartung und Pflege der kindlichen Taschenrechner, muß wissen, wie der Timer am Videogerät eingestellt wird und wie ein Staubsauger aus-

einandergenommen und wieder zusammengesetzt wird. Zudem der Streß mit der Bildung. Als Hausfrau darf man nicht
verblöden, also muß man an der Volkshochschule einen
Französisch-Kurs, einen Kurs über Wirtschaftsgeografie,
Kunst in der römischen Spätantike und einen zur Selbstfindung belegen. Wer nicht mindestens einen solchen Kurs
nachweisen kann, der wird mitleidig gefragt: »Ja, was machst
du denn die ganze Zeit?« Zu der geistigen Weiterbildung ge-

hört dann darüber hinaus noch der Nachweis, daß man sportlich auch etwas tut: joggen, Tennis spielen, Bodybuilding oder Karate. Joga ist total out, man könnte sich dabei ja von der Hausarbeit ausruhen!

Und deshalb wünsche ich mir manchmal – siehe oben – wenigstens einen winzigen, fiebrigen Schnupfen, damit ich mal richtig ausschlafen kann ...

Die Hausapotheke

Nicht immer muß man gleich zum Arzt, wenn es einem nicht gutgeht. Vieles können Sie selber in den Griff bekommen. Dazu brauchen Sie zunächst eine kleine **Hausapotheke.** Hier die wichtigsten Sachen, die hineingehören:

Fieberthermometer, Pinzette, Sicherheitsnadeln, Schere.

Pflaster, Mullbinden, Wundschnellverband, Verbandwatte, elastische Binde, Dreieckstuch.

Kopfschmerztabletten, Kohletabletten, Hustentropfen.

Desinfektionstinktur, Vaseline, Heilsalbe, Salbe gegen Verbrennungen, Sonnenbrand und Insektenstiche.

Augentropfen, Ohrentropfen (angebrochene Fläschchen innerhalb von 4 Wochen verbrauchen).

Wenn Sie Zweifel über Inhalt oder Haltbarkeit der Medikamente Ihrer Hausapotheke haben, lassen Sie sich von Ihrem Apotheker beraten.

Das können Sie selbst behandeln

Sollten die Eigenmaßnahmen nicht bald helfen, müssen Sie in jedem Fall so schnell wie möglich einen Arzt aufsuchen.

Schnupfen: Gegen Schnupfen ist bisher kein Kraut gewachsen, aber man kann sich das Schniefleben erleichtern: Eine Kanne Kamillentee aufbrühen, und die entstehenden

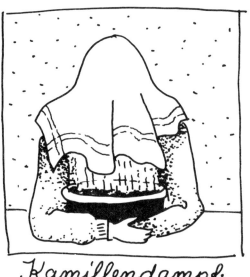

Kamillendampf inhalieren

Dämpfe 10 Minuten lang einatmen. Das macht den Kopf freier. Die gerötete Nase mit pflegender Fettcreme behandeln. Sie sollten eventuell ein Aspirin nehmen. Bei den ersten Anzeichen eines drohenden Schnupfens helfen Schwitzen und Bettruhe.

Nasenbluten: Meist ist es harmlos und hört von allein wieder auf. Sonst kalte Kompressen auf die Stirn und ins Genick legen. Wenn es vorbei ist, nicht gleich wieder die Nase putzen. Kopf nicht nach hinten beugen, sonst schluckt man das Blut.

Halsweh: Es gibt alle möglichen Lutschtabletten gegen Halsweh. Sie haben den Nachteil, daß sie wichtige Bakterien auf der Mundschleimhaut abtöten. Ein erprobtes Hausmittel ist das Gurgeln mit Salzwasser. Das schmeckt zwar nicht besonders, hilft aber.

Husten: Unterdrücken Sie Husten nicht, denn durch ihn werden Schleim und Schadstoffe aus der Lunge und den Bronchien abtransportiert. Mit Hustensaft, Lutschtabletten und Einreiben der Brust verschaffen Sie sich Erleichterung. Ein Husten, der nach drei Wochen nicht abklingt, muß unbedingt vom Arzt behandelt werden.

Ohrenschmerzen: Ein warmer Schal um die Ohren hilft gegen Schmerzen, die nicht stark und wahrscheinlich durch Zugluft (Motorradfahren, Segeln, Surfen usw.) hervorgerufen wurden.

Augenschmerzen werden meist durch Bindehautentzündungen hervorgerufen. Kamillentee lauwarm auf Papiertücher geben und auf die Augen legen.

Augenverätzungen: Wenn Lauge oder Säure in die Augen geraten sind, muß man sofort eine Augenspülung vornehmen. Den Kopf zur Seite legen und mit lauwarmen Wasser aus etwa 10 Zentimeter Entfernung spülen. Und zwar von der Nasenseite zum äußeren Winkel des geöffneten Auges. Anschließend so schnell wie möglich zum Facharzt.

Auge ausspülen

Fremdkörper im Auge: Das Oberlid über das Unterlid ziehen, dabei bleibt meist die Mücke, das Sandkorn oder anderes an den Wimpern unten hängen. Man kann auch mit einem Papiertaschentuch versuchen, den Fremdkörper aus dem heruntergezogenen Unterlid zu entfernen. Niemals eine Pinzette oder einen harten Gegenstand für die Aktion verwenden!

Kopfschmerzen: Bei gelegentlichen Kopfschmerzen können Sie unbedenklich eine Kopfwehtablette einnehmen. Gefährlich ist der regelmäßige Gebrauch dieser Tabletten, weil durch sie der gegenteilige Effekt eintreten kann. Sie lösen dann Kopfschmerzen aus, statt sie zu lindern.

Auch so können Kopfschmerzen verschwinden: Still ausgestreckt hinlegen, ein kaltes, feuchtes Tuch auf die Stirn und in den Nacken legen, tief durchatmen und ca. 10 Minuten liegenbleiben.

Durchfall: Bei leichtem Durchfall hilft ein Tag, an dem man nur Tee und Zwieback zu sich nimmt. Eventuell Kohletabletten nehmen. Alkohol, Kaffee und Säfte sind verboten.

Verstopfung: Wer zur Verstopfung neigt, sollte Schokolade, Käse, Eier und Weißbrot meiden. Gleich nach dem Aufstehen ein Glas lauwarmes Wasser trinken oder einen Apfel essen. Viel Gemüse, Vollkornbrot, Joghurt und Vollwertkost verhindern Verstopfung. Wer viel sitzt und Kantinenessen zu sich nimmt, muß besonders auf ballaststoffreiche Kost achten.

Schnittverletzungen zunächst etwas bluten lassen. Desinfektionsmittel (Mercurochrom, Jod, Merfen) auftragen, und die Wunde mit einem Pflaster oder einem Verband bedecken.

Bißwunden vom Arzt behandeln lassen. Kontrollieren, ob Tetanusschutz besteht. Wenn nicht, unbedingt impfen lassen!

Insektenstiche mit Zwiebelsaft oder Salmiakgeist betupfen.

Zecken durch Betupfen mit Öl oder Uhu entfernen. Wenn sich nach einem Zeckenbiß rund um die Bißstelle eine andauernde schmerzhafte Rötung zeigt: unbedingt zum Arzt.

Sonnenbrand mit Brandsalbe oder feuchten, kühlen Tüchern behandeln.

Hitzschlag erkennen Sie daran, daß der Kopf zunächst hochrot ist und später blaß wird. Der Puls ist schnell, und der Atem fliegt. Der Patient muß an einen kühlen, schattigen Ort. Kleidung öffnen, mit feuchten Tüchern kühlen, reichlich – nicht zu kalt – trinken.

Zahnschmerzen kann man zunächst mit Kopfschmerzmitteln überbrücken, dann aber, auch nach Abklingen der Schmerzen, zum Zahnarzt gehen.

Notfall

Bei einem Notfall sucht man entweder den nächstgelegenen Arzt oder die Ambulanz des nächsten Krankenhauses auf. Die örtliche Notrufnummer immer am Telefon notieren! Vor dem Anruf genau überlegen, was zu sagen ist: Wer verletzt ist, wo das ist, was man bereits unternommen hat usw. Wenn man sehr aufgeregt ist, notiert man sich die Fakten kurz, damit man sich nicht verhaspelt und dem Notdienst schnell und präzise Auskunft geben kann.

Der Gang zum Arzt oder Zahnarzt

Wenn kein Notfall vorliegt, ruft man in der Arztpraxis an und läßt sich einen Termin geben. Durch das »Bestellsystem« werden Wartezeiten verringert, wenn auch nicht ganz vermieden.

Überlegen Sie sich genau, was Sie dem Arzt sagen möchten,

welche Fragen Sie haben und, falls Sie einen Ihnen unbekannten Arzt aufsuchen, welche Krankheiten Sie früher gehabt haben.

Beim Arztbesuch den Krankenschein nicht vergessen!

Lassen Sie Ihren Impfpaß immer auf den neuesten Stand bringen, und nehmen Sie ihn bei Auslandsreisen stets mit.

14

Wenn man selbständig wird

Zwischenmenschliches

Es gibt noch eine ganze Menge Dinge, die die Eltern bisher übernommen haben, und die man nun selber machen muß. So zum Beispiel:

Geburtstage: Am besten legt man sich einen immerwährenden Kalender an, in dem die Geburtstage der Freunde, Verwandten und Kollegen eingetragen sind. Sichtbar am Schreibplatz aufgehängt und die Seite des entsprechenden Monats aufgeschlagen, hilft es, ein schlechtes Gedächtnis zu überbrücken.

Ideenlisten für Geschenke: Genau wie eine Geburtstagskartei ist eine Sammlung von Geschenkideen sehr nützlich. Steht dann Weihnachten oder der Geburtstag vor der Tür, fällt es einem leichter, ein passendes Geschenk zu finden.

Tip: *Geschenke kann man schon das ganze Jahr über einkaufen, z. B. im Schlußverkauf, bei Sonderangeboten oder im Urlaub.*

Apropos Geschenke

Wenn ich an Geschenke denke, dann denke ich hauptsächlich an Weihnachtsgeschenke, und da kommt mir immer die Galle hoch. Nicht wegen der Kosten (oder nicht nur), sondern wegen der kleinen Schildchen, die diese Kosten verkünden. Wie soll eine halbwegs normale Hausfrau, d.h. eine ohne Chauffeur, Köchin, Kinderfrau und Putzhilfe mit normalen Fingernägeln beim weihnachtlichen Festbraten sitzen? Ich weiß nicht, welcher Teufel die Etikettenhersteller geritten hat, daß sie Schildchen entwickeln, die für die Ewigkeit halten.

Nun gebietet es aber die Höflichkeit, daß diese Schildchen abgemacht werden und der Empfänger des Geschenks nicht erfährt, wie billig die Vase, wie günstig das Radio oder wie teuer die goldene Micky Mouse war. Dabei täte es dem Schenkenden und Beschenkten manchmal ganz gut, wenn der Preis noch zu erkennen wäre. Dann würde das Ding, das so scheußlich kitschig wirkt, plötzlich wie wertvolles Meißnerporzellan behandelt. Aber das ist ein anderes Thema.

Also, ich jedenfalls habe schon alles ausprobiert, um die Etiketten abzubekommen: Messer, Chemikalien, Scheren, ätzende Säuren, Bestrahlung, Feuer, und was es sonst noch gibt. Ich kam zu der Erkenntnis: Die Wapperl kann man ohne Schaden für das Geschenk nur entfernen, indem man die eigenen Fingernägel beschädigt. Nichts außer Fingernägeln ist in der Lage, das Schildchen, mühsam zwar, aber doch äußerst sauber zu entfernen.

Ich glaube, daß die Hersteller der Preisetiketten gleichzeitig künstliche Fingernägel produzieren. Aber so kurz vor Weihnachten, wenn die meisten Wapperl zu entfernen sind, hat doch keine verantwortungsvolle Frau Zeit, in ein Fingernagelinstitut zu gehen. Außerdem wäre es rausgeworfenes Geld, denn selbst am Heiligen Abend, kurz vor der Bescherung gibt es noch irgendein Geschenk, das schon seit dem letzten Schlußverkauf auf seinen großen Tag wartet und in letzter Minute entdeckt wird. Und gerade bei solchen herabgesetzten Geschenken möchte man ja nun nicht, daß Onkel Hans erfährt, daß man für ihn nur sieben Mark fünfzig lockergemacht hat.

Ich also stecke am Heiligen Abend beim Festessen meine Finger meist unter den Tisch. Nicht, weil ich schlechte Tischmanieren habe, sondern weil ich es nicht ertragen kann, wenn Nichte Tanja ihrer Mama zuflüstert: »Aber die Tante Birte kaut auch Nägel ...«

Trinkgelder

Vielen ist es peinlich, jemandem ein Trinkgeld zu geben. Man sollte aber nicht vergessen, daß in einigen Berufen ein Trinkgeld erwartet wird und der Lohn dementsprechend niedriger ist. Also: Friseure (nicht der Chef) bekommen es, ebenso freuen sich natürlich Toiletten- und Garderobenfrauen, Hotelportiers und -boys, Tankwarte, und überhaupt alle, die eine Dienstleistung erbracht haben, darüber. Auch der Handwerker, der eine Kleinigkeit repariert hat, bekommt ein Trinkgeld, wie auch der Mechaniker in der Kfz-Werkstatt. Postbote, Zeitungsbote und die Müllmänner erwarten zu Weihnachten oder Neujahr ein Trinkgeld. Ist man irgendwo eingeladen, wo Bedienstete geholfen haben, kann man ein Trinkgeld auf dem Garderobentisch hinterlassen. Das Trinkgeld soll nicht protzig und auch nicht mickerig bemessen sein. Von einem jungen Menschen, der noch nichts oder wenig verdient, erwartet keiner ein großes Trinkgeld.

Blumen

Wer zum ersten Mal bei Bekannten, Freunden, den Eltern seiner Freunde, Kollegen oder dem Chef zu Hause eingeladen ist, bringt Blumen mit. Normalerweise sind das Schnittblumen. Der Strauß sollte nicht zu groß und möglichst schon so hergerichtet sein, daß die Gastgeberin ihn gleich in eine Vase stellen kann. Zu einer großen Party kann der Blumenstrauß auch vorher oder hinterher mit dem Dank für den Abend geschickt werden.

Krankenbesuch

Bevor man einen kranken Freund oder Bekannten besucht, erkundigt man sich bei den Angehörigen, ob und wann man kommen darf.

Blumen als Mitbringsel freuen jeden. In den meisten Krankenhäusern müssen die Patienten ihre Blumen selbst versorgen. Also jemandem, der nicht aufstehen kann, lieber keine Blumen mitbringen. Topfpflanzen sind in den meisten Krankenhäusern verboten.

Etwas zum Lesen freut fast alle Kranken: ein aktuelles Buch, ein Kreuzworträtselheft oder ein Magazin, das sich mit dem Hobby des Kranken beschäftigt. Darauf achten, daß das Lesematerial nicht zu schwer, sowohl vom Inhalt als auch vom tatsächlichen Gewicht, ist.

Süßigkeiten, Getränke und Lebensmittel bringt man mit, nachdem man gefragt hat, ob der Patient so etwas essen oder trinken darf.

Todesfall

Es ist nicht leicht, Trauernden mitzuteilen, daß man mit ihnen fühlt. Wenn man eine Traueranzeige der Angehörigen erhält, nimmt man entweder an der Beisetzung teil oder schreibt eine Beileidskarte, gleichzeitig kann man auch Blumen oder einen Kranz schicken. Wenn man die Trauernden das erste Mal trifft, drückt man sein Beileid aus. Das braucht nicht ein schwülstiger Satz, das kann auch ein Händedruck sein.

15

Rezepte und Tips für Kochanfänger

Vorbereitungsarbeiten

Bevor Sie mit dem Kochen beginnen, besorgen Sie sich Rezept und alle Zutaten. Gemüse und Fleisch wird geputzt bzw. hergerichtet, und dann erst beginnt die Kocherei. Während die Sachen kochen, können Sie bereits den Tisch decken.

Kochbuch-Chinesisch

In Kochbüchern kommen immer wieder Ausdrücke und Redewendungen vor, die für den Anfänger fremd klingen. Hier die wichtigsten Ausdrücke und ihre Bedeutung:

ablöschen: Nahrungsmittel, die in Fett erhitzt sind, werden mit einer bestimmten Flüssigkeit übergossen. Ob das Wasser, Wein, Milch usw. ist, hängt vom Rezept ab.

abschäumen: Um eine Trübung von Fleischbrühen oder Gelees zu verhindern, wird der beim Kochen entstehende Schaum mit einer Schaumkelle entfernt.

abschrecken: Gekochte Nahrungsmittel kurz mit kaltem Wasser übergießen.

abseihen: Durch ein Sieb gießen und damit feste von flüssigen Stoffen trennen.

anschwitzen: Erhitzen von Mehl, Zwiebeln, Gemüse in heißem Fett, ohne daß sie braun werden.

aufgießen: Mit Flüssigkeit auffüllen.

backen: Nahrungsmittel im Backofen in heißer Luft oder in heißem Fett in der Pfanne garen (z.B. Kuchen im Backofen, Pfannkuchen in der Pfanne.)

beizen: Fleisch, Wild, Geflügel in einer im Rezept angegebenen Flüssigkeitsmischung eine bestimmte Zeitlang einlegen.

binden: Mehl oder Speisestärke kalt anrühren, langsam in kochende Flüssigkeiten einrühren und dadurch dicklich machen.

blanchieren: Gemüse oder Obst kurz mit kochendem Wasser überbrühen und dann abschrecken.

braten: Speisen bei hoher Temperatur mit wenig Fett in einer Pfanne auf dem Herd oder im offenen Gefäß im Backofen garen.

brühen: Nahrungsmittel mit kochendem Wasser übergießen.

dämpfen: Nahrungsmittel in einem Siebeinsatz in einem geschlossenen Topf über kochendem Wasser garen.

dünsten: Speisen im eigenen Saft oder mit wenig Flüssigkeit garen.

Einbrenne: Mehl und Fett werden zusammen erhitzt und mit einer Flüssigkeit abgelöscht. Einbrenne wird auch Mehlschwitze genannt und dient als Grundlage für Soßen und Suppen.

Eischnee: Vom Eigelb getrenntes Eiweiß, das so lange mit Schneebesen oder Mixer geschlagen wird, bis es steif ist.

flambieren: Hochprozentigen (über 50%) Alkohol über Speisen gießen und anzünden.

gar ziehen: Speisen in Flüssigkeiten, die nicht kochen (kurz vor dem Siedepunkt), garen.

gefettete Form: Eine Form dünn mit Butter oder Margarine bepinseln oder mit einem gefetteten Papier ausreiben.

glacieren: Nahrungsmittel mit Fett- oder Zuckerguß oder einer Fleischglace (Aspik) überziehen.

flambieren

gratinieren: Überbacken von Speisen im Backofen, damit sie eine Kruste bekommen.

grillen: Garen von Speisen durch die Hitzestrahlung eines Grillgerätes.

Instant: Pulverisierte Lebensmittel (Kaffee, Brühe usw.), die sich sofort in Flüssigkeiten auflösen.

Jus: Bratensaft, Fleischsaft, der beim Kochen oder Braten entsteht.

karamelisieren: Zucker in einem Topf schmelzen, bis er leicht braun wird.

kneten: Teig durch Einschlagen und Drücken oder mit dem Knethaken des Elektroquirls so lange bearbeiten, bis er glatt ist.

kochen: Garen in siedender Flüssigkeit, meistens Wasser.

legieren: Suppen und Soßen mit Eigelb oder Sahne binden. Eigelb mit etwas Flüssigkeit verrühren und in die Suppe bzw. Soße geben, glattrühren, aber nicht mehr kochen, sonst gerinnt das Eigelb.

marinieren: Fleisch in eine Mischung aus Essig, Wein oder Buttermilch samt Gewürzen einlegen. Die »Marinade« wird beim Kochen mitverwendet.

Mehlschwitze: siehe Einbrenne.

panieren: Nahrungsmittel in Mehl, verquirltem Ei, Semmelbröseln oder Teig wenden.

passieren: Gekochte Nahrungsmittel durch ein Sieb streichen, damit die festen Teile zurückbleiben.

pürieren: Gekochte Speisen mit dem Quirl oder dem Stampfer zu Mus zerdrücken und mit Milch oder Brühe schaumig schlagen.

reduzieren: Flüssigkeit so lange einkochen, bis sie etwas eindickt.

rösten: Durch starke Hitze im Topf oder Backofen mit oder ohne Fett bräunen.

Wasserbad

schmoren: Erst mit wenig Fett im offenen Topf anbraten, dann mit etwas heißer Flüssigkeit auffüllen und im geschlossenen Topf fertig garen.

simmern: Köcheln.

stocken lassen: Speisen fest werden lassen.

stauben: Kurz vor Beenden der Garzeit Speisen mit Mehl dünn bestreuen.

Wasserbad: In einen Topf mit kochendem Wasser wird ein kleinerer Topf gestellt, in dem dann das entsprechende Nahrungsmittel gegart wird.

Sie können auch empfindliche Speisen im Wasserbad aufwärmen.

ziehen lassen: In einer Flüssigkeit, die knapp unter dem Siedepunkt ist, werden Nahrungsmittel gegart.

Damit das Wasser nicht anbrennt ...

... hier ein paar Tips für alle, die noch nie irgendeinen Handschlag in der Küche gemacht haben, und die von Kochbuchautoren als selbstverständlich vorausgesetzt werden.

Wann kocht das Wasser? Wasser kocht, wenn sprudelnde Blasen vom Boden des Wassertopfes aufsteigen.

Kaffee kochen

Wenn Sie keine Kaffeemaschine besitzen, setzen Sie einen Kaffeefilter samt passendem Filterpapier auf eine Kaffeekanne. Geben Sie in den Filter Kaffeepulver (keinen Instant Kaffee) und gießen Sie kochendes Wasser darüber. Wenn das Wasser in die Kanne gelaufen ist, ist der Kaffee fertig. Pro Tasse rechnet man einen guten Teelöffel Kaffeepulver, und »für die Kanne gibt's noch einen Löffel extra« (altes Großmutter-Hausrezept).

Feiner schmeckt der Kaffee, wenn man ihm noch einen Teelöffel echten Kakao zusetzt.

Tip: *Wenn die Filtertüten aufgebraucht sind, kann man sich auch mit einem entsprechend zusammengefaltetem Stück Haushaltspapier behelfen.*

Tee kochen

Teeblätter werden in den Einsatz der Teekanne oder in einen Teefilter gegeben. Pro Tasse nimmt man etwa 1 Teelöffel Teeblätter. Dann kochendes Wasser drüber gießen. Den Tee etwa 2 bis 6 Minuten »ziehen lassen«. Gießen Sie den Tee nun in eine vorgewärmte Kanne, oder nehmen Sie den Einsatz bzw. den Filterbeutel raus. Schwarztee, der kurz zieht, wirkt anregend, Tee, der mehr als 6 Minuten zieht, wirkt beruhigend. Kräutertees werden im Prinzip genauso zubereitet. Spezielle Zubereitungsvorschriften stehen auf den Packungen.

Milch kochen

Zunächst den Milchtopf mit kaltem Wasser auspülen, dann brennt die Milch nicht so leicht an. Die Milch kocht, wenn sie schaumbedeckt aufsteigt. Vorsicht! Milch kocht leicht über! Am besten die ganze Zeit die Milch mit einem Schneebesen rühren, damit sie nicht ansetzt.

Kakao zubereiten

Einen Liter Milch zum Kochen bringen. 2 – 3 Eßlöffel Kakaopulver mit 3 Eßlöffeln Zucker (nach Geschmack) in etwas

Wasser glatt anrühren. Diese Mischung unter ständigem Rühren in die kochende Milch laufen lassen und noch einmal kurz aufkochen lassen.

Würstchen kochen

Grundsätzlich kocht man Wiener-, Frankfurter- oder Weißwürste nicht, sondern sie werden in kochendes Wasser gelegt, das gleich von der Kochstelle gezogen wird, dort bleiben sie etwa 6–10 Minuten, bis sie durch und durch heiß sind. Wenn das Wasser weiter kochen würde, würden die Würstchen platzen.

Kartoffeln, besser als ihr Ruf

Kartoffeln gehören nicht in den Keller, sondern sind leckere, wertvolle Nahrungsmittel.
Beim Kauf der Kartoffeln darauf achten, wofür sie geeignet sind. Es gibt:
Fest kochende Kartoffeln eignen sich für Salate. Vorwiegend fest kochende werden für Salz- und Pellkartoffeln verwendet.
Mehlig kochende Kartoffeln nimmt man für Pürees, Reibekuchen, Knödel. Grüne Stellen an Kartoffeln müssen entfernt werden, sie enthalten Giftstoffe.

Pellkartoffeln: Ungefähr 500 g gleich große Kartoffeln gründlich waschen und in einen Topf mit kaltem Salzwasser geben. Die Kartoffeln sollen vom Wasser bedeckt sein. Deckel auf den Topf geben und bei starker Hitze zum Kochen bringen. Hitze runter schalten, je nach Größe 20 bis 25 Minuten kochen lassen. Mit einem kleinen, scharfen Küchenmesser in die Kartoffeln stechen, wenn das leicht geht, sind die Kartoffeln gar. Das Kochwasser abgießen, dazu entweder den Deckel etwas zur Seite schieben und mit Topflappen festhalten, oder die Kartoffeln in ein Sieb abgießen. Am besten lassen sich die Kartoffeln mit einer dreizackigen Kartoffelgabel halten und dann abpellen.

Salzkartoffeln: Ungefähr 500 g Kartoffeln – größere machen weniger Schälarbeit – gründlich waschen. Dann mit einem Kartoffelschäler schälen. Beim Schälen immer auf den Körper zu arbeiten. Die dunklen Punkte mit der Spitze am Schäler ausstechen, und dann die Kartoffeln in gleichgroße Stücke schneiden. Die Kartoffeln in einen Topf mit Salzwasser geben und zugedeckt ca. 25 Minuten kochen lassen. Abgießen und ausdampfen lassen, eventuell Küchentuch darüber geben, bis die Kartoffeln aufgetragen werden.
Bratkartoffeln: Geschälte Pellkartoffeln in Scheiben oder Würfel schneiden. 3 Eßl. gutes Speiseöl oder Butter in der Pfanne erhitzen, die Kartoffeln dazugeben, die ersten 2 Minuten nicht wenden. Eine kleine Zwiebel kleinschneiden und in die Mitte zwischen die Kartoffeln geben. Jetzt die Kartoffeln und Zwiebeln hin und wieder wenden, bis die gewünsch-

te braune Farbe erreicht ist. Zum Schluß Salz und Pfeffer drüber geben.

Etwas geräucherter, in kleine Würfel geschnittener Speck schmeckt hervorragend zu Bratkartoffeln. Dazu den Speck in der Pfanne knusprig braten und danach die Kartoffeln zugeben.

Damit die Augen beim Zwiebelschneiden nicht tränen, kann man eine Sonnenbrille oder besser noch eine Taucherbrille aufsetzen!

Zwiebel schneiden mit Taucherbrille

Nudeln machen glücklich

Es gibt so viele verschiedene Nudelsorten und -qualitäten, daß man gar nicht alle aufzählen kann. Hier nur ein paar wichtige Merkmale:

Grießnudeln sind aus Weizengrieß und Wasser und ohne Eier hergestellt.

Hartgrießnudeln müssen aus Hartweizengrieß und Wasser hergestellt sein, sie sind von bester Qualität und haben sehr gute Kocheigenschaften. Trocken aufbewahrt halten sie sich bis zu 12 Monaten.

Eiernudeln müssen auf 1 kg Grieß 2,25 Eier enthalten. Es gibt auch Eiernudeln mit 4 bzw. 6 Eiern pro Kilo, sie sind meist kräftig gelb und werden sehr zart beim Kochen.

Frischeinudeln werden nur unter Verwendung frischer – also nicht Flüssigei oder Eipulver – Eier hergestellt. Alle diese Qualitäten können bei sämtlichen Nudelsorten wie Spaghetti, Makkaroni, Bandnudeln, Spätzle usw. vorkommen. Also immer das Etikett genau studieren, bevor das Päckchen in den Einkaufskorb wandert.

Außer den eben aufgezählten gibt es noch:

Glasnudeln: Sie werden aus Reisstärke hergestellt und für asiatische Gerichte verwendet. Glasnudeln brauchen nur etwa 3 Minuten, um gar zu werden.

Vollkornnudeln werden aus dem vollen Korn des Weizens hergestellt und enthalten alle seine wertvollen Mineralstoffe und Vitamine. Vollkornnudeln sind braun, müssen etwas länger kochen als andere Nudeln und haben einen vollen, nussigen Geschmack. Vollkornnudeln kann man nur ein Jahr aufbewahren, wenn sie kühl und trocken gelagert werden. Auf das Haltbarkeitsdatum achten!

Tip: *Überkochen von Nudeln kann man vermeiden, in dem man Butter oder Öl ins Kochwasser gibt oder den Topfrand einfettet.*

Nudeln kochen: Welche Nudeln man kocht, hängt davon ab, was man für ein Gericht zubereiten möchte. Allgemein läßt sich zum Nudelkochen folgendes raten: Pro Person braucht man etwa 100 g Nudeln. Und pro 100 g Nudeln läßt man einen Liter Wasser in einem großen Topf kochen, also für fünf Personen braucht man 5 Liter kochendes Wasser.

Tip: *Wer nur für sich allein Nudeln kocht, kann gleich die doppelte Menge ins Wasser werfen. Die gegarten Nudeln halten sich einige Tage gut zugedeckt im Kühlschrank. In Öl oder Butterfett sind sie rasch aufgebraten und geben mit entsprechenden Beilagen eine neue Mahlzeit.*

Spaghetti nach
und nach in den
Topf schieben

Die Nudeln in das kochende Wasser geben, dann pro Portion etwa 1 Teelöffel Salz dazu geben. Wenn das Wasser wieder kocht, auf die Uhr schauen.

Das Wasser nur leicht sprudelnd kochen lassen, eventuell einen Eßlöffel Öl ins Wasser geben, damit die Nudeln nicht zusammenpappen. Gleich nach dem Einfüllen ins Wasser müssen die Nudeln leicht umgerührt werden, sonst kleben sie am Topfboden fest. Fünf Minuten brauchen ganz zarte, selbstgemachte Nudeln und bis zu 15 Minuten Teigtaschen oder Ravioli. Nach den ersten fünf Minuten macht man die Bißprobe: Die Nudel sollte keinen rohen Kern mehr haben und nicht kleben, sondern ein bißchen fest sein: »al dente«. Die Bißprobe so oft wiederholen, bis die Nudeln »al dente« sind. Dann in ein Sieb abgießen und in eine Schüssel füllen. Einen Löffel Öl oder etwas Butter über die Nudeln geben und umrühren, so daß sie nicht zusammenkleben.

Tip: *Spaghetti muß man nicht brechen, weil der Topf zu klein ist. Die Spaghetti werden ins kochende Wasser gestellt. Dann mit etwas Druck langsam ins Wasser schieben, denn sie werden schnell weich. Wenn alle untergetaucht sind, gleich umrühren, damit sich die Bündel voneinander lösen.*

Reis, nicht nur für Asiaten

Reis ist nicht gleich Reis. Gut, wenn man ein paar Merkmale kennt, bevor man Reis kauft:

Langkornreis: Das ist der Reis, der am häufigsten verwendet wird. Es gibt ihn in folgenden verschiedenen Sorten:

Naturreis oder Braunreis ist Reis, der noch von seiner Silberhaut umgeben ist. Der Reis wird auch Vollreis genannt und enthält wie das volle Korn wichtige Vitamine und Mineralien.

Weißer Reis oder Patnareis hat eine polierte, geschliffene Oberfläche, der Gehalt an Mineralien und Vitaminen ist gering. Er ist lange haltbar.

Paraboiled Reis wird einem speziellen Verfahren unterzogen, damit trotz der Entfernung der Silberhaut die wichtigsten Wirkstoffe erhalten bleiben. Paraboiled Reis kocht leicht und locker und klebt nicht.

Schnell kochender Reis hat nur noch eine Kochzeit von 3–5 Minuten, weil er vorgekocht und wieder getrocknet wurde. Er enthält wenig wertvolle Mineralstoffe und Vitamine.

Kochbeutelreis ist Reis, der in einem Folienbeutel eingeschweißt ist und beim Kochen nicht anbrennen kann. Er ist ein weißer Reis.

Rundkornreis hat im Gegensatz zum Langkornreis ein rundes Korn, er wird auch Milchreis genannt, hat einen weichen Kern und wird beim Kochen leicht klebrig.

Verschiedene Methoden, Reis zuzubereiten: Pro Person rechnet man etwa 100 g Reis, das ist ca. eine ¾ Kaffeetasse.

Tip: *Man kann ruhig die zwei- bis dreifache Menge Reis kochen. Zugedeckt halten sich die Reste im Kühlschrank bis zu einer Woche. Den Reis mit Zwiebeln aufbraten, in Suppen geben oder zu Salaten verwenden.*

Reis quellen lassen: Dazu die gewünschte Menge Langkorn-Reis in einen großen Topf geben, mit Salzwasser auffüllen. Wenn man den Zeigefinger über den Reis stellt, muß das Wasser bis zum zweiten Glied des Fingers reichen. (Diesen Tip habe ich von einer Thailänderin.) Das Ganze zum Kochen bringen, dann die Temperatur zurückschalten, so daß der Reis nur noch leicht köchelt. Wenn die Flüssigkeit eingekocht ist, ist der Reis fertig. Das dauert zwischen 20 und

Reis kochen

30 Minuten. Statt Salzwasser kann auch Gemüse- oder Fleischbrühe zum Kochen verwendet werden.

Tip: *Reis vor dem Kochen gründlich waschen. Dazu immer wieder frisches Wasser in den Kochtopf füllen, bis das Wasser klar bleibt.*

Reis kochen: Zwei bis drei Liter Salzwasser zum Kochen bringen, dann den ungewaschenen Langkornreis hineingeben und sprudelnd ca. 15 Minuten kochen lassen. Der Reis ist gar, wenn kein harter Kern mehr zu spüren ist. Den Reis in ein Sieb abgießen und kurz kalt abschrecken, mit etwas heißer Butter anrichten.

Reis braten: Eine kleine gehackte Zwiebel in Öl andünsten, dann die gewünschte Menge Langkornreis zugeben und kurz anbraten, bis die Körner milchig aussehen. Mit Gemüse- oder Fleischbrühe auffüllen bis die Flüssigkeit 1 Zenti-

141

meter über dem Reis steht. Langsam gar kochen und abschmecken. Dauert ca. 20 Minuten.

Reis im Kochbeutel: Kochbeutelreis ist teurer als normaler Reis, aber er ist am einfachsten zuzubereiten.

Salzwasser zum Kochen bringen, den Reisbeutel darin 15 Minuten kochen lassen. Den Inhalt ab und zu mal aufschütteln, damit die Körner nicht zusammenkleben.

Den fertigen Reis aus dem Beutel in die Schüssel schütten.

Da haben wir den Salat

Salat ist relativ kurz haltbar. Treibhausware welkt besonders schnell und verliert dabei einen großen Anteil an Vitaminen. Salat sollte möglichst kühl und relativ feucht aufbewahrt werden. Im Kühlschrank am besten in feuchtes Papier wickeln. Keine Plastikfolie verwenden, sonst fault der Salat. Vor der Zubereitung müssen alle Salate – besonders die grünen Blattsalate – gründlich geputzt und gewaschen werden. Am besten werden die Salatblätter, nachdem die schlechten Stellen und die äußeren Blätter entfernt wurden, in kaltes Wasser gelegt. Dann die Blätter gut abtropfen lassen, notfalls noch mal waschen. Feldsalat z. B. muß so oft gewaschen werden, bis im Wasser kein Sand mehr zurückbleibt. Der saubere Salat wird in einem Salatsieb oder in einer Salatschleuder sehr gut abgetropft, notfalls tupft man die Blätter mit Haushaltspapier trocken. Schließlich soll die Salatsoße keine Wassersoße werden.

So wird Salat zubereitet

Kopfsalat wird in mundgerechte Stücke gezupft. Grobe Blattrippen werden entfernt.

Endiviensalat wird in $\frac{1}{2}$ cm breite Streifen geschnitten, die dunklen harten äußeren Blätter werden nicht mitverwendet.

Chicorée wird im ganzen gewaschen. Das Wurzelende, das Bitterstoffe enthält, wird keilförmig herausgeschnitten. Man schneidet den Chicorée in 1 cm breite Streifen oder läßt die Blätter ganz, wenn man sie in die Salatsoße dippen möchte.

Feldsalat wird geteilt, wenn die Pflänzchen zu groß sind, um sie bequem von der Gabel in den Mund zu schieben. Kleinere Pflänzchen werden ganz gelassen. Die zarten kleinen Wurzeln werden abgeschnitten.

Karotten putzt man, indem man sie entweder dünn mit dem Kartoffelschäler schält oder indem man sie – wenn sie ganz jung und zart sind – mit dem Messer schabt.

Sellerieknollen werden großzügig geschält und dann in Stifte geschnitten oder grob gerieben. Gleich mit etwas Zitronensaft beträufeln, damit der Sellerie weiß bleibt.

Blumenkohl wird in einzelne Röschen zerteilt und etwa 10 Minuten in Salzwasser gelegt, damit sich etwaige »Bewohner« davonmachen.

Tomaten werden gewaschen, der Stengelansatz entfernt und dann in Scheiben oder Achtel geschnitten.

143

Besonders lecker: die Tomaten kurz in kochendes Wasser legen, danach die Haut abziehen und in Scheiben schneiden.

Salatgurken werden nach dem Waschen mit dem Gurkenhobel in Scheiben gehobelt. Je nach Geschmack können die Gurken auch geschält werden. In Würfel werden Gurken geschnitten, die in gemischte Salate wandern.

Zwiebeln: Nach dem Entfernen der äußeren harten Haut werden sie entweder in Ringe, Würfel oder Streifen geschnitten.

Zwiebelwürfel: Zunächst die Zwiebel halbieren. Den Schnitt von der Wurzel zur Spitze führen. Die Zwiebelhälfte auf ein Brettchen legen und in Scheiben schneiden. Danach die Scheiben quer zu den entstandenen Streifen schneiden. Zweite Hälfte ebenso.

Zwiebelringe: Die geschälte Zwiebel quer zur Wurzel in Ringe schneiden.

Zwiebelstreifen: Die halbierte Zwiebel längs zur Achse in Streifen schneiden.

Paprika wird nach dem Waschen in Viertel geteilt, das Kernhaus entfernt und dann in feine Streifen geschnitten.

Champignons waschen, trocken tupfen, Stielansatz und schlechte Stellen entfernen, dann in feine Blättchen oder Viertel schneiden.

Gemüse für Salate wird vorgegart, abgekühlt und in mundgerechte Stücke geschnitten.

Fleisch, Geflügel, Fisch ebenfalls gar kochen, abkühlen lassen und zurechtschneiden. Fisch wird nicht geschnitten, sondern in mundgerechte Stücke gezupft.

Krabben und Muscheln kommen in ganzen Stücken in den Salat.

Noch ein paar brauchbare Tips für Salatfans: Grüne Salate werden unmittelbar vor dem Essen angemacht. Stehen die zarten Blättchen längere Zeit in der Salatsoße, fallen sie zusammen und werden unansehnlich.

Alle anderen Salate wie Fleisch-, Reis-, Nudel-, Wurst- oder Kartoffelsalate usw. müssen vor dem Essen einige Zeit »ziehen«. Vor dem Servieren noch mal mischen und eventuell abschmecken.

Salate immer in Schüsseln anmachen, die nicht säureempfindlich sind. Holz-, Glas-, Porzellan- oder Keramikschüsseln eignen sich sehr gut. Am besten eignet sich Salatbesteck aus Holz, Kunststoff oder Horn.

Die Salatsoßen: Damit Salat gut schmeckt, braucht er eine leckere Soße. Wichtig ist gutes Öl, am besten kaltgeschlagenes Pflanzenöl, und außerdem ein guter Essig. Bei diesen beiden Zutaten sollte man keinesfalls sparen. Für Singles ist es praktisch, eine Grundsoße auf Vorrat zuzubereiten, die dann mit Kräutern verfeinert und löffelweise auf den Salat gegeben wird.

Tip: *Niemals Zwiebeln, Knoblauch oder frische Kräuter in die Vorratssoße geben, sonst verdirbt sie schnell.*

Vorrat-Salatsoße: 1 Tasse Weinessig, 3 Tassen gutes Pflanzenöl (Sonnenblumen-, Oliven- oder Distelöl), 3 Teel. Senf, 1 Teel. Salz, 1 Teel. frisch gemahlener Pfeffer, 1 Teel. Fondor oder Aromat.

Die Zutaten gut verrühren, bis die Soße sämig ist. In eine verschließbare, möglichst dunkle Flasche füllen und im Kühlschrank aufbewahren. Beim Anrichten des Salates Kräuter, Zwiebeln, Knoblauch nach Wunsch auf den Salat geben, anschließend 3 bis 5 Eßl. Soße darüber geben und umrühren.

Essig- und Öl-Soße: 1 Teil Essig, 3 Teile Öl, Salz, Pfeffer, 1 Prise Zucker, 1 gepreßte Knoblauchzehe, $\frac{1}{2}$ feingehackte Zwiebel oder 1 Bund Schnittlauch in Röllchen geschnitten, Kräuter nach Jahreszeit und Salatsorte. Alle Zutaten in der Salatschüssel verrühren, abschmecken. Die Salatblätter draufgeben und umrühren.

Sauce Vinaigrette: Eine Essig-Kräuter-Soße, die auch zu Spargel, Artischocken und anderem gegarten Gemüse paßt. 1 hartgekochtes, gehacktes Ei, 1 kleine, milde, gehackte Zwiebel, 1 Eßl. kleine Kapern, etwa 3–4 Eßl. gehackte Kräuter: Petersilie, Schnittlauch, Kerbel, Dill, Estragon (am besten frisch, zur Not auch tiefgekühlt), 3 Eßl. Weinessig, 9 Eßl. Pflanzenöl, $\frac{1}{2}$ Teel. Senf, Salz, frisch gemahlener Pfeffer, $\frac{1}{2}$ gepreßte Knoblauchzehe. Das abgekühlte, harte Ei nicht zu fein hacken. Die Zwiebel mit Kräutern vermischen. Essig, Öl und Senf verrühren und mit Salz und Pfeffer abschmecken. Dann die Kapern samt den Zwiebel-Kräutern drunterrühren. Eventuell mit einem Spritzer herben Weißwein verfeinern. Zum Schluß das Ei hinzufügen, nicht mehr rühren, sonst wird die Soße trüb.

Tip: *Wird nur wenig Zitronensaft gebraucht, sticht man eine Zitrone mit Gabel oder Zahnstocher an. Die Zitrone leicht drücken, es kommen einige Tropfen Saft raus. Zitrone bis zum nächsten Benützen im Kühlschrank aufbewahren.*

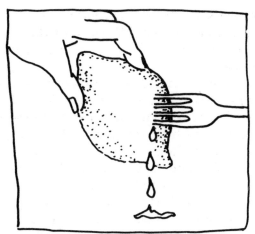

*Zitrone anstechen
und wenige
Tropfen auspressen*

Fertigsoßen: Es gibt viele Fertigsoßen, die recht gut schmecken. Man muß sie halt ausprobieren und die finden, die zu einem passen. Fertigsoßen sind für den Einpersonenhaushalt sehr praktisch, weil man sich löffelweise nach Bedarf bedienen kann.

Tip: *Wer empfindlich auf Konservierungsstoffe reagiert, sollte auf Fertigsoßen verzichten.*

Schnell ein Ei in die Pfanne ...

Eier sind eine beliebte, weil schnell verfügbare Mahlzeit für Singles. Außerdem haben Eier die höchste biologische Wertigkeit, die es bei einem einzelnen Nahrungsmittel gibt. Sie enthalten alle notwendigen Nähr- und Wirkstoffe.

Daß Ei nicht gleich Ei ist, haben die meisten schon festgestellt, wenn sie ein muffiges Frühstücksei löffelten.

Tip: *Beim Eierkauf darauf achten, daß die Eier aus Bodenhaltung stammen.*

Eier werden in **Gewichts- und Güteklassen** eingeteilt. Mittlere Gewichtsklasse ist die Klasse 3. Das sind die meistverkauften Eier, sie wiegen 60 bis 65 g. Größere Eier werden meist als »**Frühstückseier**« angeboten.
Auf der Packung findet sich das Packdatum. Am besten schmecken Eier, die 3 bis 10 Tage alt sind. Im Kühlschrank halten sich Eier drei bis vier Wochen, man kann sie dann noch ohne weiteres zum Kochen und Backen verwenden.

Tip: *Eier mit brauner Schale schmecken nicht besser als die mit weißer Schale, auch hat die Farbe des Eidotters keine geschmackliche Bedeutung. Sie resultiert aus bestimmten Futterzusätzen.*

So testet man die Frische der Eier:
Das Ei in ein Glas Wasser geben.
1. Ein frisches Ei kann nicht schwimmen.

2. Bei einem etwa 7 Tage alten Ei hat sich die Luftkammer am dicken Ende vergrößert, das Ei richtet sich ein wenig auf.
3. Ein 2 bis 3 Wochen altes Ei steigt fast senkrecht im Wasser auf, weil sich eine große Luftkammer gebildet hat.

Und so kocht, backt oder brät man Eier

Das weiche Frühstücksei: Dazu bringt man einen kleinen Topf mit Wasser zum Kochen. Das Ei an der stumpfen Seite mit dem Eierpiekser anpieksen und auf einem Löffel in das kochende Wasser gleiten lassen. Das Ei 4 bis 5 Minuten kochen lassen. Gleich abgießen und kurz mit kaltem Wasser abschrecken.

Tip: *Mit dem Eierkocher bereitet man Eier auf den Punkt genau zu und spart auch noch Energie. Eierkocher gibt es auch für den kleinen Haushalt.*

Das harte Ei: Es wird genauso gekocht wie ein weiches, nur läßt man es etwa 8 bis 10 Minuten im kochenden Wasser. Anschließend kalt abschrecken, dann läßt es sich besser pellen.

Das Spiegelei: In einer kleinen Pfanne etwas Öl oder Butter heiß werden lassen. Das Ei an der Kante der Pfanne aufschlagen (Vorsicht: nicht zu doll!) und dann in die Pfanne gleiten lassen. Das Spiegelei ist fertig, wenn das gesamte Eiweiß weiß und undurchsichtig geworden ist. Vorsichtig mit der Pfannenschaufel herausheben. Wer mag, kann das Spiegelei auch noch von der anderen Seite kurz braten.

Rührei: Ein oder mehrere Eier in eine Schüssel geben, mit Gabel oder Schneebesen verquirlen, 1–2 Eßl. Mineralwasser, Salz und Pfeffer dazugeben. Masse in heiße, gefettete Pfanne gießen und stocken lassen, ab und zu umrühren.

Gemüse – vitaminreich und kalorienarm

Gemüse enthält wichtige Vitamine und Mineralien, darum darf es auch auf dem Speisezettel der Miniküche nicht fehlen.

Frisches Gemüse: Kaufen Sie immer nur so viel ein, wie Sie am gleichen oder nächsten Tag zubereiten wollen. Wenn Gemüse länger im Kühlschrank liegt, verliert es wichtige Vitamine und wird zäh. Haben Sie keine Zeit, täglich einzukaufen, legen Sie sich einen Vorrat an **Tiefkühlgemüse** zu. Das hat zudem noch den Vorteil, daß es bereits geputzt und küchenfertig ist.

Die beste Methode Gemüse zu garen, ist das Dünsten. Dazu gibt man etwas Fett in einen Topf, das Gemüse dazu und gart es auf geringer Hitze, eventuell mit etwas Wasser, so kurz, daß es noch etwas »Biß« hat. Gewürze immer erst zum Schluß zufügen.

Spargel: Ein besonders leckeres Gemüse und auch inzwischen erschwinglich für den schmalen Geldbeutel ist der Spargel. Achten Sie beim Einkauf darauf, daß der Spargel frisch ist. Das erkennt man am unteren Ende: ist die Schnittfläche glatt, ist das Gemüse frisch, ist die Schnittstelle zerklüftet und schmaler als die Stange, ist der Spargel alt. In ein feuchtes Tuch eingeschlagen hält sich Spargel 1 bis 2 Tage im Kühlschrank. Pro Person rechnet man 500 g Spargel. Spargel sollen weiße oder rosa Köpfchen haben (Ausnahme: grüne Spargel) und nicht zu dünn sein. Die Spargel werden zunächst gewaschen und dann 3 – 5 cm vom Köpfchen aus geschält und das holzige Ende großzügig abgeschnitten. Die Spargel in kochendes Salzwasser stellen. Alle Köpfchen zeigen nach oben. Je nach Dicke der Spargel kocht man sie zwischen 20 und 30 Minuten. Sie sollen nicht zu weich werden.

Ein Schuß Wein bzw. Weinessig und ein Stück Butter im Kochwasser verfeinern den Spargelgeschmack. Zu den Spargeln gibt es zerlassene Butter, Sauce Vinaigrette oder Holländische Sauce, Schinken, Salzkartoffeln oder Omelett.

Hähnchen schmecken immer

Hähnchen und ihre Verwandten spielen für die gesunde Ernährung eine wichtige Rolle, denn sie enthalten viel Eiweiß, Vitamine und Mineralstoffe. Außerdem schmecken sie prima.

Hähnchen sind Tiere beiderlei Geschlechts, 5 – 7 Wochen alt und 700 bis 1100 g schwer. **Poularden** sind fleischiger und schwerer als Hähnchen, sie haben mindestens 1200 g Gewicht. Ein junger Hahn ist ein Tier von mindestens 1800 g und etwa 8 – 9 Wochen alt. **Suppenhühner** sind etwa 15 – 18 Monate alte Legehennen mit einem Gewicht von 1200 – 2000 g. Sie eignen sich für Suppen, Eintöpfe und Frikassees. **Geflügel** kann man frisch oder tiefgefroren kaufen. Frische Hähnchen schmecken besser, sind aber teurer als tiefgefrorene. Einwandfrei ist Geflügel aus der Tiefkühltruhe nur, wenn es weder weiße Frostflecken auf dem Fleisch noch Schnee- oder Eisbildung unter der Folie aufweist. Tiefgefrorenes Geflügel zum Auftauen immer aus der

Folie nehmen, in eine gut zu reinigende Schüssel legen und im Kühlschrank zugedeckt auftauen lassen. Ein Hähnchen braucht dazu ca. 16 Stunden. Sie sollten die Auftauflüssigkeit unbedingt weggießen, um einer eventuellen Salmonellenvergiftung vorzubeugen.

Innereien, falls vorhanden, herausnehmen, und das Hähnchen innen und außen gründlich waschen. Mit Küchenpapier trocknen und möglichst bald zubereiten.

Hähnchen braten: Das Hähnchen wird innen und außen gewaschen und mit Küchenpapier trockengerieben. Dann mit Salz, Pfeffer und Paprika innen und außen einreiben. Wenn man keine andere Verwendung für Leber und Herz hat, füllt man sie in die Bauchhöhle. Das Ganze würzt man mit Petersilie, Rosmarin, Salz und Pfeffer. Die Bauchöffnung mit einem Zahnstocher zustecken. Das Hähnchen nun in

heißem Öl in einem Brattopf ringsum anbraten, eine gehackte Zwiebel zugeben und in den vorgeheizten Backofen (ca. 250° C) stellen. Ca. $\frac{1}{4}$ l Brühe in den Brattopf geben. Das Hähnchen wird nun ca. 30 bis 40 Minuten zuerst auf dem Bauch, dann auf dem Rücken liegend gebraten. Dabei immer wieder mit Bratflüssigkeit begießen. Das Hähnchen soll goldgelb werden, das Fett darf nicht verbrennen.

Grillhähnchen, und was man damit anfangen kann: In fast jedem Kaufhaus oder Einkaufsmarkt gibt es fertig gebratene Grillhähnchen. Eine praktische Sache für Singles, die daraus in kurzer Zeit raffinierte Gerichte zaubern können. So können Sie zum Beispiel eine weiße Soße machen, diese mit Wein abschmecken und dann die Hähnchenteile darin aufwärmen: schon ist ein »Coq au vin« fertig. Oder Sie schmoren kleingeschnittene Zwiebeln, Tomaten und Paprika und geben dann zum Schluß das zerpflückte Hähnchenfleisch dazu. Gut würzen und Reis dazu servieren.

Fisch frisch auf den Tisch

Fisch ist ein wertvolles Nahrungsmittel, was dazu noch sehr rasch zuzubereiten ist.
Ob frisch oder tiefgekühlt macht kaum einen Unterschied bei Geschmack oder Qualität. Beim Einkauf sollte man aber ein paar Punkte beachten:
Frischer Fisch hat klare und glänzende Augen, die etwas hervorstehen. Die Kiemen müssen hellrot oder dunkelrot, keinesfalls braun oder graurot sein. Die Schuppen müssen fest anliegen, und das Fleisch soll elastisch sein. Beim Berühren dürfen die Finger keine Spuren hinterlassen. Frischen Fisch läßt man sich im Fischgeschäft küchenfertig herrichten und verarbeitet ihn möglichst noch am Einkaufstag.

Tiefkühlfisch wird wie frischer Fisch zubereitet. Man muß ihn nicht unbedingt auftauen lassen. Wenn es sich um Fischfertiggerichte wie Fischstäbchen, Schlemmerfilets usw. handelt, bereitet man ihn so wie auf der Packung beschrieben zu.

Forelle in Folie: 1 Tiefkühl- oder frische Forelle, 1 Tomatenscheibe, ½ Zitronenscheibe (unbehandelt), Petersilie, Salz, Pfeffer, ½ Tasse Weißwein oder Brühe. Die TK-Forelle leicht antauen lassen. Den Fisch abwaschen, außen mit Salz bestreuen. Salz und Pfeffer, Petersilie, die halbe Scheibe Zitrone und die Tomatenscheiben in den Bauch legen. Den Fisch auf ein Stück Alufolie legen, mit einer halben Tasse Weißwein beträufeln, man kann auch statt des Weines Brühe nehmen. Die Folie gut verschließen. Im vorgeheizten Backofen ca. 30 Minuten bei 200 Grad garen. Dazu gibt's Salzkartoffeln und grünen Salat.

Fischfilet im Gemüsebett (2 Personen): 300 g Fischfilet frisch oder tiefgekühlt, 1 Zwiebel in Ringe geschnitten, 2 Tomaten in Scheiben, 2 Kartoffeln in dünnen Scheiben, 1 Zehe Knoblauch, 3 Eßl. Öl, ½ Tasse Weißwein oder Brühe, Salz, Pfeffer. Den Boden einer kleinen Auflaufform mit Öl beträufeln, die Hälfte des Gemüses auf dem Boden ausbreiten, den gesalzenen und gepfefferten Fisch darauf legen und anschließend das restliche Gemüse darauf verteilen. Salzen und pfeffern. Den Wein oder die Brühe angießen. Im vorgeheizten Backofen bei 200 Grad ca. 30 Minuten garen. Das Gericht ist fertig, wenn die Kartoffelscheiben weich sind.

Tip: *Wenn gefrorener Fisch in Milch aufgetaut wird, schmeckt er besser.*

Fleischeslust

Ein schnell in die »Pfanne gehauenes Steak« ist wohl die Mahlzeit, die sich Singles am häufigsten selbst zubereiten. Was dabei herauskommt, ist nicht immer berauschend. Hier ein paar Tips zum Braten von kleinen Fleischstücken. Große Braten werden höchstens Hobbyköche, die auch entsprechende Kochbücher besitzen, in die Röhre schieben. Beim Fleischeinkauf beginnen die Probleme, nur nach jahrelanger Erfahrung kann man einem Fleischstück ansehen, ob es zart ist, und auch da kann man sich irren. Also sollte man sich einen Fleischer suchen, zu dem man Vertrauen hat und

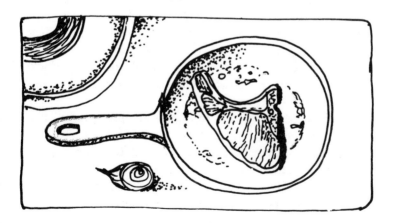

der einem auch Tips geben kann. Das Fleisch muß zu Hause gleich ausgepackt – auch aus Selbstbedienungsverpackungen – und dann in ein Porzellangefäß gelegt werden. Das Fleisch mit Öl bepinseln und mit etwas Zitronensaft beträufeln, dann hält es sich zugedeckt im Kühlschrank ein paar Tage und wird noch zarter.

Rindfleisch von frischroter Farbe ist zum Beispiel meist nicht lang genug abgehangen und bleibt zäh. Die Farbe sollte dunkelrot bis braunrot und von feinen weißen Fettstreifen durchzogen sein. Gelbes Fett zeigt, daß das Fleisch von älteren Tieren stammt und wahrscheinlich auch grobfaserig ist. Solches Fleisch eignet sich nicht zum Kurzbraten.

Schweinefleisch muß nicht abgehangen sein, es kann frisch geschlachtet gebraten werden. Es sollte möglichst bald nach dem Einkauf verarbeitet werden.

Hackfleisch, Tatar, Innereien und rohe Bratwürste müssen am Einkaufstag verarbeitet werden. Ausnahme: Tiefkühlware. Zum Braten verwendet man am besten Pflanzenöl oder gehärtetes Pflanzenfett. Keinesfalls Butter, sie wird bei hohen Temperaturen schwarz und bitter. Butterschmalz dagegen eignet sich, um Steaks zu braten.

Steak natur: 1 Filet- oder Rumpsteak, 2 Eßl. Öl, 1 Eßl. Zitronensaft oder Cognac, Salz, Pfeffer. Öl in einer Pfanne heiß werden lassen. Das Steak mit Küchenpapier trockentupfen, wenn es vorher in Öl und Zitronensaft mariniert war. Das Steak ins heiße Fett geben und auf jeder Seite 1 Minute braten. So schließen sich die Fleischporen und lassen keinen Fleischsaft austreten. Die Hitze nun zurückschalten und das Steak auf beiden Seiten weiterbrutzeln lassen.

»Englisch«: Innen blutig rosa ist das Steak, wenn es dem Druck der Gabel nachgibt.

»Medium« – also mittel gebraten – bietet das Fleisch etwas mehr Widerstand.

»Durchgebraten« ist das Steak, wenn es sich fest anfühlt. Zum Schluß salzen und pfeffern.

Tip: *Schnitzel und Steaks immer erst nach dem Braten salzen! Salz entzieht dem Fleisch Flüssigkeit und macht es hart.*

Schnitzel natur: 1 Kalbs- oder Schweineschnitzel, etwas Zitronensaft, 3 Eßl. Öl, Salz, Pfeffer. Den Rand des Schnitzels etwas einschneiden, damit er sich beim Braten nicht zusammenzieht und wölbt. Kalbsschnitzel werden etwas geklopft, bei Schweineschnitzel brauchen Sie das nicht.

Tip: *Ist kein Fleischklopfer vorhanden, kann man eine Tasse oder Flasche nehmen, mit der man leicht auf das Fleisch klopft.*

Das Schnitzel mit Zitronensaft beträufeln, etwas ziehen lassen. Währenddessen das Öl in der Pfanne erhitzen. Das Fleisch mit Küchenpapier trockentupfen und in der Pfanne bei starker Hitze je 1 Minute beidseits anbraten. Die Temperatur zurückschalten und das Schnitzel ca. 4 Minuten (das hängt von der Stärke des Fleisches ab) weiter brutzeln lassen. Wer dazu eine Soße wünscht, stäubt zum Schluß 1 – 2 Teel. Mehl in die Pfanne, löscht mit süßer Sahne, Brühe und/oder Weißwein ab. Zum Schluß das Schnitzel und die Soße salzen und pfeffern, eventuell die Soße mit etwas Fondor würzen.

Bratwürste: Bevor Bratwürste gebraten werden, müssen sie gebrüht werden, d. h. sie werden in leicht kochendes Wasser eingelegt, und man läßt sie 10 Minuten auf schwacher Hitze ziehen. Wenn sie in sprudelnd kochendem Wasser gekocht werden, platzen sie. Das gleiche geschieht, wenn sie ungebrüht gebraten werden. Manchmal kann man beim Metzger schon gebrühte Würste kaufen, die sehen dann weißgrau aus. Ungebrühte sind rosa. Würste trockentupfen und dann im heißen Fett von allen Seiten anbraten. Temperatur zurückschalten und die Würste knusprig braun werden lassen.

Tip: *Tiefgekühlte Bratwürste müssen aufgetaut werden, sonst kann es passieren, daß sie innen noch gefroren sind, während sie außen schon lecker braun aussehen.*

Süßes für Schleckermäulchen

Viele mögen es süß, nicht nur nach einem guten Essen, sondern auch mal zwischendurch. Beim Naschen dran denken, daß zuviel Süßes nicht nur dick macht, sondern daß Zucker ein sogenannter »Vitaminräuber« ist.

Wer gerne schleckt, soll immer für den nötigen Ausgleich an Vitaminen sorgen.

Honig und Ahornsirup süßen Speisen und enthalten wertvolle Zusatzstoffe. Man kann übrigens bei vielen Süßspeisen mit der Hälfte der im Rezept angegebenen Zuckermenge auskommen. Mit der Zeit mag man die voll gesüßten Speisen gar nicht mehr.

So, nun wollen wir uns den Appetit auf was Süßes nicht verderben lassen und ein paar einfache Rezepte ausprobieren:

Birne Helène für 2 Personen: 2 saftige Birnen, ½ Zimtstange, 1 Eßl. Zucker, 4 Kugeln Vanilleeis, Schokoladen-

Couverture. Birnen schälen, halbieren und vom Kernhaus befreien und in $\frac{1}{4}$ l Wasser mit Zimt und Zucker ca. 5 Minuten dünsten. Couverture nach Vorschrift erhitzen. In zwei Glasschalen je zwei Eiskugeln legen, die Birnenhälften darüberlegen und die flüssige Couverture über die Portionen verteilen.

Tip: *Ein Löffel geschlagene, ungesüßte Sahne gibt dem Dessert noch einen extra Pfiff.*

Champagner-Sorbet für 2 Personen: 40 g Zucker, 1 unbehandelte Zitrone, 1 Eßl. Orangenlikör, $\frac{1}{4}$ l trockener Champagner oder Sekt (Pikkolo), 1 Eiweiß steif geschlagen. Zucker mit $\frac{1}{8}$ l Wasser aufkochen, vom Herd nehmen, Zitronenschale in die Lösung reiben und den Zitronensaft dazu gießen. Wenn die Lösung kalt ist, den Likör und den Champagner drunterrühren und 2 Stunden ins Tiefkühlfach stellen. Alle 10 Minuten mit dem Schneebesen kräftig durchrühren. Wird die Masse fest, dann den steifen Eischnee drunter heben. Nochmals 20 Minuten ins Tiefkühlfach stellen. Etwa 15 Minuten vor dem Auftragen herausnehmen. Mit einem Löffel oder Eisportionierer Kugeln abstechen, in Gläser geben und noch etwas Champagner drübergießen.

Vorräte

Auch ein Single muß gewisse Vorräte im Haus haben. Die Menge hängt davon ab, wie oft gekocht wird und wie gut die Lagermöglichkeiten sind. Wer keinen Vorratsschrank oder -regal in der Wohnung unterbringen kann, behilft sich mit einer mit Styropor ausgeschlagenen Kiste. Auf dem Balkon ist der Inhalt gegen Hitze oder Kälte durch das Isoliermaterial gut geschützt. Sie sollten Ihre Vorräte regelmäßig kontrollieren. Im rollierenden System die Sachen ver-

Vorräte regelmäßig kontrollieren

brauchen. Die meisten Artikel haben das Verfalldatum aufgedruckt, da weiß man, was zuerst verbraucht werden muß. Angeschimmelte Lebensmittel grundsätzlich nicht essen. Auch nicht Brot, das nur an einer Ecke schimmelig ist. Die Sporen des Schimmelpilzes sind gesundheitsschädlich und durchziehen das gesamte Brot.

Lebensmittel, die man im Haus haben sollte:
Zucker, Mehl, Salz, Reis, Nudeln,
Öl, Pflanzenfett, Essig,
Kaffee, Tee, Büchsenmilch,
Gewürze, Senf, Ketchup,
Saure Gurken, Dosentomaten, Fischkonserven.
Lagern Sie nur das, was Sie auch tatsächlich vor dem Verfalldatum verbrauchen können.

Tip: *Ungenießbar ist der Inhalt von Konservendosen, deren Blech sich nach außen wölbt!*

Getränke: Je nach Lebensgewohnheiten einige Flaschen Mineralwasser, Wein, Bier. Für besondere Anlässe Sekt und harte Getränke.
Bei Säften und Limonaden auf Verfalldaten achten.

So lang halten sich Lebensmittel

Beachten Sie die aufgedruckten Verfalldaten, ansonsten gelten folgende Haltbarkeiten:

2 – 3 Jahre:
Vollkonserven, je nach dem aufgedruckten Datum.

2 Jahre:
Polierter Reis (kein Naturreis), luftig und trocken aufbewahrt.

1 Jahr:
Nudeln (keine Vollkornnudeln), Zucker und Hülsenfrüchte. Man hebt sie trocken und dunkel, am besten in Plastikdosen auf. Kokosfett und Öl in Dosen, Honig, Marmelade, Konfitüre, Dosensuppen.

½ Jahr:
Knäckebrot, Haferflocken, Nüsse, Trockenfrüchte, Vollkornnudeln, Schwarzer Tee, Kräutertee.

4 Monate:
Mehl, Grieß, Mondamin, Kekse, Zwieback, Knabbersachen in der Packung.

2 Monate:
Vollkornmehl.

1 Monat:
Kaffee in luftdichter Verpackung.

10 Tage:
Obst und Gemüse im Kühlschrank.

1 Woche:
Brot im Brotkasten oder in Folie im Kühlschrank.
Im Kühlschrank: Butter, Eier, Schinken, Räucherwurst.

4 Tage:
Im Kühlschrank: Milch, Sahne, Kondensmilch (geöffnet).

2 Tage:

Im Kühlschrank: Frischfleisch (Hackfleisch nur einen halben Tag), Frischwurst, Blattgemüse, Grüne Erbsen, Grüne Bohnen, geöffnete Gemüse- und Obstkonserven (müssen aus der Dose raus).

1 Tag:

Frischer Fisch, geräucherter Fisch, geöffnete Fischkonserven.

So lagert man Getränke

Wein wird liegend gelagert. **Rotwein** bei Zimmertemperatur (17 – 18° C sind ideal), **Weißwein** lagert am besten bei 10° C, also im Keller. **Sekt und Champagner** lieben es genauso kühl, werden aber vor dem Servieren noch im Kühlschrank weiter gekühlt.

Whisky, Cognac, Wermut, roter Portwein werden bei Zimmertemperatur gelagert.

Bier sollte höchstens 10° C Temperatur haben, genau wie **Roséwein** und **weißer Portwein.** Also in den Kühlschrank damit.

Klare Schnäpse gehören ins Eiswürfelfach des Kühlschranks.

Saft und Mineralwasser vertragen Zimmertemperatur, zum Trinken kann man sie kühlen.

Die Schlacht am Frühstückstisch

Je nach seelischer oder allgemeiner Wetterlage setze ich morgens fröhlich summend oder verschlafen muffelnd das Tee- und Kaffeewasser auf, höre im Radio, wie einer vergebens versucht, mich zum hunderttausendsten Mal zu überzeugen, daß Gymnastik das einzig Wahre ist. Weiß ich ja,

aber doch nicht mitten in der Nacht ... Kurz, ich bin mehr oder weniger friedlich, höre das Rauschen der Dusche, das Summen der Rasierapparate und das Gurgeln des Zahnputzwassers. Jetzt ist die Welt noch in Ordnung. Aber dann bricht's herein, über mich, meine Ohren, Nerven, Augen und was sonst noch an mir dran ist. Je nachdem, wer zuerst fertig ist, wird das Radio auf Heavy Metal in Landkreislautstärke, Nachrichten in Zimmerlautstärke oder Popmusik in nicht mehr meßbaren Phonzahlen aufgedreht. Jeder, der zu meiner Familie zählt, ist von der krankhaften, zwanghaften Manie befallen, bevor er sich dem Frühstück widmet, Programmgestaltung per Knopfdruck zu üben. Und das alles ohne Rücksicht darauf, daß ich gerade brennend am Wasserstand der Donau bei Passau interessiert bin.

Kaum schlürfen Vater und Söhne – übrigens jeder was anderes von Kakao über Tee, Kaffee, Milch bis zur Cola – ihr

Getränk, geht es an's Verteilen der Tageszeitung. Nun haben wir schon zwei – leider verschiedene – Zeitungen abonniert, aber komischerweise wollen alle immer die gleichen Sachen lesen. Vater kriegt Sport und Politik, der nächste will Politik und Sport, der dritte Politik und Feuilleton, der vierte Sport und Feuilleton und ich krieg' gnädig die Werbung ab, vielleicht auch mal den Lokalteil.

Wenn dann die Schlacht um das bedruckte Papier geschlagen ist, Honig und Marmelade kleben die Seiten fest zusammen, dann springen alle fast gleichzeitig auf. Jeder dreht noch mal sein Programm im Radio an, ruft »Tschüs!«, »Servus!«, »Tschau!« oder sonst was und verschwindet.

Und ich sitz' da, hab' keine Ahnung, was in der Welt los ist, denn die Zeitung taugt höchstens noch zur Altpapierverwertung. Fast muß man sich genieren, so einen Papierhaufen vor die Tür zu legen.

Also ich sitze da, schlucke meinen Kaffee, und als kleine Rache drehe ich mir ganz laut die Morgenandacht an, obwohl sie mich eigentlich überhaupt nicht interessiert. Die anderen aber auch nicht, und das befriedigt mich!

Zum guten Schluß

Früher brauchte keine noch so verzweifelte Mutter ein Buch wie dieses zu schreiben. Spätestens in der Haushaltsschule für höhere Töchter oder beim Militär lernten unerzogene Sprößlinge alles Nötige: Knöpfe annähen, Fußböden schrubben, Betten bauen und Schränke in Ordnung halten.

Aber da die Zeiten sich geändert haben, mußte ich mir die Finger wund schreiben, nach dem ich mir vorher ohne Erfolg den Mund fusselig geredet habe. Leider glaube ich auch kaum, daß die, für die ich dies geschrieben habe, die Tips und Ratschläge lesen werden. Denn sie sind ja nicht anders, als wir es damals waren. Immer getreu dem Motto: »Wir wollen unsere Fehler selber machen!«

Trotzdem viel Spaß an den eigenen vier Wänden!

Register